BAISI BAIJIE
FUZHUANGYE

白玉生◎著

百思百解

服装业

中国纺织出版社有限公司

内 容 提 要

本书以服装产业标签、服装产业思考、服装产业谏言、服装产业情怀四个部分浅析服装业四十年发展现状，涉及服装产业链的各主要环节及企业面临的主要问题，以深入浅出、简单明了的语言回答了当前及未来企业品牌建设、设计创新、互联网应对、智能制造与产业发展方向等诸多实际问题及解决方法，多角度、多维度，对产业发展和企业转型提出前瞻性的目标和愿景。

图书在版编目（CIP）数据

百思百解服装业 / 白玉生著 . –– 北京：中国纺织出版社有限公司，2022.10
ISBN 978–7–5180–9862–0

Ⅰ . ①百… Ⅱ . ①白… Ⅲ . ①服装工业—产业发展—研究—中国 Ⅳ . ① F426.86

中国版本图书馆 CIP 数据核字（2022）第 171375 号

责任编辑：朱冠霖 责任校对：高 涵 责任印制：王艳丽

中国纺织出版社有限公司出版发行
地址：北京市朝阳区百子湾东里 A407 号楼 邮政编码：100124
销售电话：010—67004422 传真：010—87155801
http: //www.c-textilep.com
中国纺织出版社天猫旗舰店
官方微博 http://weibo.com/2119887771
天津千鹤文化传播有限公司印刷 各地新华书店经销
2022 年 10 月第 1 版第 1 次印刷
开本：880×1230 1/32 印张：9.5
字数：200 千字 定价：68.00 元

执于初心，琢成匠心

刘元风

北京服装学院原院长、博士生导师

　　初识"小白"，结之善缘。时光荏苒，转眼与白玉生相识近卅载，但我仍习惯于按当初对他的称呼，"小白"。遥记最初的相识，是在1984年，原纺织工业部与原中央工艺美院在石家庄举办"全国服装设计进修班"上。彼时，作为授课教师，我在石家庄工作了几个月时间，认识了当时进修班的优秀学生白玉生，一个刚走出校门不久，身上透露出一股执着和坚韧精神的小伙子。认真、扎实、刻苦、善良是我对白玉生的最初印象。前三点，源于专业上的交流，而对他"善良"的人品，是一次到石家庄授课，由于走得匆忙没有带多少衣物，抵石第二天即逢冷空气来袭，气温骤降，白玉生看我穿得单薄，便主动跟我说："刘老师，我回家给您找一件厚一点的衣服吧？"这样能体谅别人冷暖，其心地的善良和心思的细腻，都令我心生感动。

业内重逢，知其才情。同为热爱并投身服装行业的专业人，我同白玉生后来多次再相逢，多是在服装行业的各类活动或交流中，其间让我更多感受到白玉生的能力与才华。1988年，河北省举办首届时装设计电视大奖赛，是当时业界比较新锐和隆重的赛事，我受邀做评委，清晰地记得白玉生的参赛作品获得一个大奖及一等奖、二等奖各一项，他在设计领域的才华由此开始崭露头角。到2017年，在"京津冀青年设计师百强推选活动"上，我再次见到了白玉生。此时的他，身份已经更为多重，从设计师、设计室主任、生产技术经理、设计总监、副总经理、总经理、大中华区运营总监、公司创始人到首席咨询师，再到"中国纺织建设规划院"服装产业专家，作为一个深耕服装行业的专业人士，白玉生在这几十年时光里，亲身体验了行业中林林总总的不同角色，拥有了难得的"全方位"专业视角。每次再聚时与他的交流，都能给我留下与别人不同的印象，从中我看到了一个专注于服装产业，为所热爱事业殚精竭虑的服装专业人。

睹文相望，感其执着。近些年来，生活节奏越发加快，行业发展越发迅猛，我跟白玉生，除了在业内活动中的偶有重聚，更多时候的交流，是通过他见诸媒体的文章。除了对行业的热爱与执着，白玉生身上另一个明显的特质，是他的文人情怀，这一点，在偶有浮躁的时尚行业中，尤其显得难能可贵。身为一个从业近四十年的资深服装行业人，白玉生勤于思考，更笔耕不辍，把自己几十年的行业经验，融合对产业的不变热情，诉诸笔端，在各类相关报纸及自媒体平台上发表了许多颇有见地的文章及评论，是多家服装专业媒体的特邀撰稿人，其文章常被业界广为热议，也时常引发行业外人士和媒体的关注。

欣闻雅集，乐于荐之。回望与白玉生相识的这几十年，有幸亲见了他专注服装行业的执着——从专业院校到生产企业，从设计师到管理者，从零售到咨询，其间与院校、企业、行业协会、媒体、商场等不同环节均有深入合作，白玉生是中国服装行业发展这几十年的亲历者。无论从时间维度，还是从涉及的广度而言，白玉生对我国服装行业的了解都堪称全面而深入，加之他难得的勤于思考、不辍梳理，对众多影响行业发展的事件和现象有自己独到的见解，文字功力也很深厚，文章字里行间有理有据，深入浅出，结合具体的事件，解读行业发展的规律。这几十年来，中国服装业规模不断扩大，从无到有，从弱到强，但相对而言，一直处于"野蛮生长"的状态，鲜少全局化的审视和反思。此种现状下，白玉生的这本文章合集，正当其时。受其信任，我是此书稿最初的读者之一，读罢后最大感受是，此书有足够长的时间跨度——与中国服装业的现代发展相伴；有足够开阔的视角宽度——贯穿服装产业的各个环节；也有足够沉浸的思考深度——利于读者从更理性的角度去思考服装行业的发展脉络和规律。读文如是，我有所感，也愿有缘读到本书的读者、关注服装行业的人们，从中有所感悟。特此推荐。

最后，藉此卷首之荣，预祝本书发行成功。经历了几十年风雨，中国服装业已经有了长足的发展，而作为"衣食住行"之首要，服装行业既是民生基础，也是承载文化和经济多重发展重担的要务，中国服装业的发展仍任重而道远！希望服装行业有更多白玉生一样，执于初心，琢成匠心的从业人！

2022年6月6日

行业思考者

闻力生

中国纺织行业建设发展咨询委员会副主任

中国服装协会科技专家

东华大学教授

1978年8月8日，广东顺德大进制衣厂开业，成为改革开放后第一个引进外资的服装企业，也标志着中国服装产业对外开放的开始。一大批以对外出口为导向的服装企业应运而生，构成了最初的服装产业队伍。

转眼44年，中国服装产业由以外贸加工为主，到做自己品牌，到优质品牌大量涌现，从传统劳动密集型产业到数字化加持下的智造工厂，再到互联网助推产业快速进步，这一切都来得如此之快，我们用44年时间走过了西方发达国家百余年的产业成长之路。

但，这一极快的速度也决定了服装业底层技术基础薄弱，产业文化体系软实力建设明显不足，产业大而不强，没有完整的品牌评估架构体系，在国际时尚领域没有话语权的现状。

而百年未有之变局与新冠肺炎疫情叠加，其产生的外溢影响已经在改变很多产业，服装因体量庞大更是深陷其中，产业内部两极分化严重，占产业体量90%的中小企业举步维艰。在这信息日益碎片化的时代，无论设计师、管理者、经营者还是零售渠道，都在思索如何选择产品方向？如何定义自身品牌？在有限资本下如何将原本传统的企业向数字化转型？如何避免线上踩坑？如何搭建企业的社交平台？产业集群地又该如何转型升级？有太多的"如何"需要思考和判断，而当这些"如何"得不到专业且独到的解答和引导，那产业人的浮躁和急功近利也就在所难免。

本书从一个资深服装人的角度，以专业的态度关注服装品牌建设，以全产业链的经验审视行业进程，以主人翁责任感谏言行业弊端，以前瞻眼光预见行业未来。以新媒体语言回顾四十年服装产业发展，以过往在微信平台发布内容的时间为轴，用简明扼要的语言，记录41年服装人的所做、所思、所虑、所得。书中体现了一个服装人浓浓的产业情怀，强烈的产业责任及对服装产业的挚爱。

本书分为四章，涉及服装产业链的各主要环节及企业面临的主要问题，以深入浅出、简单明了的语言回答了当前及未来企业品牌建设、设计创新、互联网应对、智能制造与产业发展方向等诸多实际问题及解决方法，其中，许多内容言近旨远，令人深思。同时，作者基于超过40年的产业经验积累，多角度、多维度，对产业发展和企业转型提出了前瞻性的目标和愿景。

本书可供服装设计师、行业管理者、企业经营者、渠道商阅读，为了解中国服装产业发展进程、中小企业问题痛点及解决方法、未来发展方向提供借鉴。

2022 年 9 月 2 日

目 录
CONTENTS

第二章　服装产业思考 / 109

第三章　服装产业谏言 / 235

第四章　服装产业情怀 / 257

后记 / 285

第一章

服装产业标签

○ 现在，变化可能成了生活本身

　　以前，变化可能只是生活的一部分；现在，变化可能成了生活本身。2017年我们还在说有五只黑天鹅。今年何止五只黑天鹅？黑压压地飞过天空。当黑天鹅一只又一只地从天上飞过的时候，也就不算什么意外了。现在黑天鹅都快成家禽了——一切正在发生变化，熟悉的世界不在了。

—2019年1月1日

　　2019年，好消息是所有人都不容易，坏消息是不容易的时代可能刚刚开始，未来几年可能会更加难受。2019年管它好与坏，只要做好自己！该收手的收手，该调整的调整，该裁员的裁员，认真从"眼睛往外"到"眼睛往内"，也许这样我们的企业才能渡过难关。

—2019年1月4日

○ 一切都在重构

　　"产业云平台"是未来产业发展的基础设施，早一点着手打造，早一点引领先机，企业早一点从中受益。

——2019年6月15日

　　现状会随着时间的推移而进一步恶化，庚子年，在更新我们的认知，在重构已有的概念。在这个时候，做最坏的打算，用底线思维，思考企业未来，无论纺织服装。

——2020年6月30日

○ 习惯困难，才有机会面对未来

　　"春节"的到来原本意味着冬天的结束，然而，对于中国零售行业来讲，这个严寒的冬天可能刚刚开始，中国服装企业要在2020年学会习惯"困难"，才有机会面对未来。

——2020年1月23日

　　1月23日，我在微信朋友圈写了两个预测：一是中国零售业（线下）的寒冬可能刚刚开始；二是中国服装企业在2020年要习惯困难。目前疫情形势的发展印证了这一预测，现展开简述以供参考。截至2019年底国内已开业的购物中心超过4000家（未包含传统百货商场），由于受电商冲击、商业项目过剩等综合因素影响，中国的实体零售已经从2019年开始大幅下滑，年底出现的疫情和从今年1月24日全国开始的一级响应，不期而遇的黑天鹅给本已脆弱的实体零售业当头一击，传统百货业态更是苦不堪言。根据目前疫情分布及数据分析，同时考虑品牌供应商因素，实体零售如果想恢复元气，恐怕至少要等到5月底甚至更长时间（不包括武汉）。如何应对，想必大家都已思虑许久，在此只讲一个观点：

　　随着互联网在中国的飞速发展，物理空间已不再是消费终端，商业零售的经营者应充分利用5G、AR/VR技术，大胆创新商业模式，发挥甲方已经拥有的海量供应商资源和区位优势，创立独具特色的线上与线下真正融合的B2C平台，这是趋势更是未来，早布局早受益。此次疫情倒逼企业转型升级，只有转变传统的经营思维，改变几十年不变的商业模式，你才可能从容应对下一只黑天鹅。

——2020年2月18日

　　2020年真的什么都可能发生，什么都可能改变，包括颠覆你的认知和思维。

——2020年4月2日

○ 预见产业发展走向

时尚行业正在经历的变革是结构性的，消费者的购物习惯也发生很大的改变，新技术推动的浪潮不再是个体力量所能抵挡的。眼下实体零售业都在经历来自线上的巨大冲击，商业模式本就不牢固的时尚买手店更是变得不堪一击。

可以肯定的是，在竞争愈发激烈和消费者喜好多变的背景下，如何通过消费体验及更符合细分需求的产品与服务来争夺更多市场份额将成为取胜的关键。

——2019年11月15日

两代服装人，思考着同样的问题。却不约而同，在同一时间，在不同的平台，用同样的语言，向中国服装业发出同一个呼吁……

——2020年5月27日

"中国服装行业效益分化严重，优势资源进一步向大企业集聚……"在经历了40余年疯狂发展，走到2020年的中国服装产业，也许真的需要这样一次重构！

2020年2月22日，我在"服装人老白"公众号"2020年中国服装企业面临的八大问题"一文中，第一个问题就指出："原有的供应链体系将发生巨大变化，优质原材料将越来越多地被大型企业集团掌控，供给侧与需求侧的界限逐渐模糊。"如今看来，我的这一观点与中国服装协会观点完全吻合。

——2020年6月23日

2020年，传统零售业走到了一个节点，不要期待一切可以重来，此时的你进或退，其实都已经成为你的绝唱。

——2020年7月10日

《区域全面经济伙伴关系协定》（RCEP）的签署将加速国内低端劳动密集型产业的退出，向东南亚地区转移，倒逼国内传统产业特别是服装企业转型升级。

那些"小而散"，依赖加工维生的低端服装产业集群，在未来两年将不复存在，"产能为王"时代已经结束！无论从消费需求发展趋势或国际贸易未来走向分析，基于产业互联网、物联网下的柔性生产及服装"智造"体系，才是中国服装制造的前景所在。

——2020年12月9日

中国服装产业应加快行业数字化标准的制定，包括"纺织品检验通用互认标准""服装生产数字化流程标准""服装设备通用备件标准"等，以服务和满足产业数字化进程所需的供应链各环节互通兼容及数据分享需求，为产业实现真正的智能制造打下坚实的基础。

——2021年4月19日

随着消费心态的成熟及消费个性化的递增，市场对皮草服装的需求会越来越少。品牌基于环保及动物保护理念的压力，会最终放弃皮草服装品类。而对于提供服装用途的皮草业来说，行业的发展缺少可持续的空间，早一些规划，前瞻性布局，也许在未来不会措手不及……

——2021年12月28日

○ 品牌力的打造

在国内服饰行业发展不断承受来自外来的压力下，国产本土品牌要认清目前的市场形势，做出具有高质量的策略，向质量型与效益型进军，从而赢得新一代消费者。

——2019年1月23日

在消费者和市场都趋于理性后，高度饱和的市场必然将迎来重新洗牌。部分国际时尚品牌的退场，也让国内服饰品牌开始有机会与国际品牌站在同一起跑线上。一场关于"品牌力"的竞争才刚刚开始。服装企业在保证产品质量的基础上，以提升设计创意为重点，加快企业品牌创新能力建设。建立完善的品牌管理机制，健全危机处理系统，及时应对突发的危机，减缓危机的蔓延速度，将品牌形象的损失减少到最低。

——2019年5月15日

个性化是人性骨子里的需求，随着数字化时代的发展，这种个性化需求将越来越明显，越来越快地得到呼应。因此，将品牌做得更大，以获得更多消费者的理念终将失败，小而美的个性化品牌将成为数字化时代的主流。

——2019年5月20日

　　"品牌"诞生的根本原因是人类社会的产值过剩。在填不饱肚子的时候，谁也不会挑挑拣拣。可一样的东西，当东家有、西家也有的时候，我们就要考虑到底去哪家才好？这个时候，"王麻子剪刀"和"孙媳妇豆腐"，这种有"品牌"的店，就会胜过胡同口那家没有招牌的摊位。

　　所以，"品牌"最大的功用是降低人们的选择成本，换句话说：品牌就是一个信任代理，可以帮助消费者更快地选中好东西，也让好东西更快地卖出去。

——2019年5月31日

　　以前，品牌＝质量好。

　　后来，品牌＝质量好＋价格。

　　现在，品牌＝质量好＋个性＋文化｜功能性＋身份体现＋低价格。

——2019年6月1日

　　在当下的零售市场，与消费者进行"对话"正在变得越来越重要。随着消费者的购物路径从"搜索式购物"变成"发现式购物"，其购物决策更容易受到日常所接收的信息影响，尤其是千禧一代，他们将社交媒体作为获取品牌信息的首选渠道。在线上，消费者往往没有事先抱有购买的目的，而是与一些信息"不期而遇"的过程中，激发消费的冲动，这样的消费行为往往随机而感性，意味着品牌的线上营销更依赖于内容，只有好的内容才能激活消费者购物"开关"。

——2019年6月2日

　　坚持做品牌建设，这不是一件容易的事，因为在中国这个浮躁的市场有着太多的流量转化诱惑，但自身信心与自我建设对品牌很重要，特别是大家手中握有的渠道资源都差不多的大环境下，品牌要想保持自身与对手间的差异性，就不能一味地去重复别人做过的事情。

—2019年11月11日

在一个不确定性陡升的生存环境中，品牌和消费者都在寻找自信，把握了消费者自信来源的品牌能够更稳固地抓住喜新厌旧的消费者。对于当下中国年轻消费者而言，他们的自信源于乐观的经济环境和民族自豪感。

—2019年12月18日

作为企业，是做长期，是做未来持续增值，面对压力，更多地需要考量如何让品牌在明天更有竞争力，更有抗风险力，企业家们对未来看得更坚定，或许也就不会对今天已经造成的现状如此忧虑了，就像在尼采的这句名言上加一句话，可能更能反映它的精神力量：我知我梦想所在，现凡不能毁灭我的，必使我强大。

—2020年2月12日

纵观世界知名品牌，从创立到成为具有全球影响力的品牌，无不需要百年时间沉淀。无论在品牌定位和商业模式上有多大差别，这些百年品牌一个共同点都是数十年如一日聚焦于主业。我们常常谈论日本的"匠人精神"，称赞他们的"匠心"。

反观我们，企业家缺少敬畏之心，却有太多的短期功利之心。品牌是创新和专注的累积，做品牌要耐得住寂寞，做产品要下得了恒心。不被浮华吸引，不被短期利益牵引，不随波逐流；持之以恒，在垂直领域深耕，你的成功就指日可待！

—2021年5月28日

从"618"大局来看，国潮热度上升，悦己消费趋势加剧，消费者们对于国潮、设计师款、个性化单品的需求在不断上升。这对于国内服饰品牌来说自然是个好消息，年轻一代消费者消费偏好转移，无疑会产生新蓝海，各大品牌当借势发展，用兼具时尚和品质的产品赢得市场。

——2021年6月21日

○ 品牌的营造

　　商业服饰品牌逐渐发现，缺乏文化共鸣支撑、看似迎合年轻消费群体的服饰起初能够赢得消费者的注意力，但是空洞的品牌故事越来越无法打动日渐挑剔的消费者，更无法赢得其心智。因此，不少品牌将目光放回到中国原生的东方文化上，试图从本土文化中寻找更多的文化共鸣，把中国文化融入品牌精神成为大势所趋。

——2019年11月5日

　　定义"国潮"需从两方面因素进行考量，首先，最为重要也是核心所在，即是否有传统文化的基因；其次，是否能将传统文化与时下潮流相融合而更具时尚感。从某种意义上来讲，"国潮"是以品牌为载体，既是满足年轻消费者对时尚的追求、个性的张扬，又是对传统文化的一种自然回归和凸显的流行现象。

——2019年11月27日

　　品牌再定位即"消费场景（CS）定位""消费体验（CE）定位""消费个性（CP）定位""消费服务（CS）定位"。它是相对于传统的CCASP品牌定位法而言的，是更好地适应和服务于消费升级的需求而产生的品牌定位方法。消费升级是一个长期缓慢的过程，在快速迭代的轻消费领域，任何产品形态和业态都有可能迅速被颠覆。企业只有充分而深刻地把握消费升级本质，抓住机遇，完成品牌再定位，实现从无到有、从弱变强的惊险一跃，才能迎来属于升级之后的新纪元。

——2019年12月10日

IP是通过内容实现人格化的构建，品牌则是通过产品与服务支撑价值主张。当一个品牌开始通过制造内容塑造人格化表达而非单纯以产品和服务实现价值主张，实现IP化运营时，就完成了品牌向IP甚至超级IP的转化。

——2019年12月14日

时至今日，时尚不仅仅是服装本身，更重要的是独特的体验。数字化时代虽然消解了一些传统体验，但同时也提供了创造新体验的机会。品牌需要制造良好的参与性、交互性的体验，让用户能够在沉浸式体验中创造更高强度的品牌信任和连接。

——2020年2月28日

认真学习，"兼听则明"，可以博采众家之长为我所用，但不要片面理解，就形式照搬而照搬。特别是中小企业应该从此次疫情中找到影响企业发展的结构性矛盾所在，才能真正使企业、使品牌从此转变。

——2020年3月4日

消费离不开人，离不开消费者这个基本核心，所有商品不断创新的目的，所有消费（零售）模式的演变，所有品牌可持续发展的前提，都源于对人（消费者）需求的理解，这是一切的原点。研究消费，你才会懂得提升的必要；懂得消费，你才会知道企业的方向。

——2020年5月9日

互联网时代，不要过度依赖和相信数据，要看转化率，有非常多的报道证明，线上直播带货的退货率高得惊人，不是一切事情都是可以短平快的，只有线下稳健的门店零售战略才能保证品牌未来的长期发展。

——2020年6月11日

直播平台可以直播卖货，也可以推广当地文化，也可以宣讲品牌故事，也可以演示悠久历史。关键在于如何借助这个平台，找到自己的个性，找到自己的文化符号，找到自己与他人的不同，量体裁衣，不一味模仿，你才可以利用这个平台并在这个平台赢得掌声。

——2020年7月3日

中国服装产业经历了四十余年发展之后，在2020年终于走到了一个节点：在新环境、新技术、新渠道、新时尚、新消费、新动能条件下的一次品牌再定位，方向再梳理，供应链重构及产业结构再造。

——2020年7月22日

2003年6月，中国第一个潮牌"CLOT"在中国香港创立，至今17年时间，潮牌服装风起云涌，引导了商业定位，引导了消费趋向。由于没有"潮牌"定义和标准，市场鱼目混珠，文化传达含糊不清，误导了本不成熟的Z世代。17年潮牌发展，该进入成年了，是否该对"潮牌"做一次定义和梳理？

——2020年8月12日

品牌是一种功能标签，而消费者是情感标签，让品牌找到与消费者之间的约定。感觉也是语言，不要忽略它在你心里的感受，你到底想给消费者传递一种什么样的感觉？如今，管理语言是我们习惯的，但消费者的情感语言是我们不习惯的！成功的企业用管理语言，成功的品牌用情感语言。

——2020年9月12日

这个时代比以往任何时候都容易建立一个品牌，但也比以往任何时候都更难让消费者记住你的品牌。之所以说容易，是因为消费者对品牌的态度更加包容。

——2020年10月1日

"品牌定位"没有固定的模式，有的只是对自身资源的充分利用及对未来利益获取对象的规划。而"品牌再定位"则是对环境、C端的认知与角度的谋和。品牌再定位不是为了年轻化，基于14亿人口的多样化需求，年轻化也不应成为品牌的唯一诉求。

——2021年4月11日

现在，实体活动的线上传播又成了全新的场景和通路，虽然不是销售渠道却进一步缩短了从市场营销到销售转化的链条。物理世界和虚拟网络形成了新的沉浸空间，让活动、内容、销售随时在线上和线下跳转和重叠，最终更高效地促进销售。线上传播的数据也为精准销售提供了依据。毕竟曾经所有模糊神秘的情感联系都在被各种指标量化和追踪，品牌的每一个动作都会转化为数据成果和市场评价。在一个迈向大众的时代下，品质和流量的双向靠拢是不可逆转的趋势。

——2021年6月24日

　　三年来波司登不断增长的业绩表现，或许可以解读为市场对波司登传递的品牌升级信号成功接收，并实现了一定销售转化。但是从长远来看，消费者认知彻底改变往往需要很长的时间。大众品牌的高端化向来艰难，因为消费者很难相信品牌具有这样的DNA。做品牌从来没有神话。中国品牌值得卖得更贵，前提是给它们足够的时间。

—2021年6月24日

　　品牌定位，首先是要做企业自身定位，这是前提和基础，只有正确地评估自己，清晰地定位企业，知道自己有什么，能做什么，才会有后续精准的市场定位，它才会助力品牌发展。否则，一切所谓的定位只会是"东施效颦""事倍功半""劳民伤财"。

—2022年3月2日

○ 品牌行为的把控

"例外"品牌所坚持的文化属性、独立原创设计精神以及高精专的制作技艺，代表着中国服装产业的一流水平。凭借其特立独行的哲学思考与美学追求，"例外"品牌成功地打造了一种东方哲学式的当代生活艺术，更赢得海内外各项殊荣与无数忠诚顾客的爱戴。

—2020 年 10 月 18 日

我们许多企业经营者缺乏从一而终的态度和踏实静心的工匠精神，稍有资本积累便开始跨界经营，自以为可以成功一切，却往往被打脸。品牌是文化的载体，更是一个地域的人文情怀。你可以买到一个书面上的品牌，却不懂它的文化、它的人文积累，更不晓得它背后的情怀。所以，你的收购注定仅是一场秀而已。

—2020 年 11 月 3 日

"广百商务楼"，23 年前，在这里涌现出了"迪克尼""迪莱""爵士丹尼""佛伦斯"等中国高端商务男装品牌，我有幸参与其中，并见证了这一品类在之后十几年的发展历程。23 年后，"广百"还在，但今非昔比，正如商务男装品牌面临的窘境，转或不转，都将是一次痛苦的抉择。

因为陪衬你的那个时代、那个市场、那个群体已经不复存在，转换或抛弃固有思维，也许广阔的内需市场正在期待你的到来。

——2020年12月12日

后疫情时代，新的消费需求正在形成，新的消费结构正在加速构建。人们越来越重视保持健康和强健的体魄，对服装本身的安全性、舒适性以及环保可持续性也更为重视。消费者更愿意支持自己喜欢与重视的产品，也愿意了解产品背后的故事——产品是如何诞生的，产品的成分是什么……而这些观念也将进一步刺激消费者，推动他们的购买行为。

——2020年12月15日

2020年中国网民规模9.89亿，网购用户7.82亿，1～12月网上零售额达11.76万亿。了解和研究消费需求、消费水平、消费结构、消费方式、消费市场、消费心理与行为、消费引导和消费与经济社会的协调等问题，有助于我们认知新消费，重构品牌理念，重塑品牌形象。

——2021年2月4日

"315"进入中国36年，它如同一个警钟，时刻在惊醒中国服装业尽快走上自我设计、品牌发展之路，实现中国产品向中国品牌的转变，创世界高品质中国服装品牌。

——2021年3月15日

快时尚品牌事件加剧消费者的情绪变化，国际品牌在中国地区深耕多年带来的消费习惯正在被改变，国货崛起在这个历史关口被助推加速；消费者淘汰快时尚品牌，消费行为更聚焦于品牌和产品的可持续发展远景，消费升级正在倒推中国纺织服装产业高质量发展。

—2021年3月27日

我国现代服装行业兴起于20世纪80年代，经过四十余年的发展，已经形成了一条完备的现代化产业链，然而，却没有一个服装品牌伴随这四十余年的发展能走到今天。庞大的中国服装产业，其实在环境升级、软件升级的今天，企业经营者需要抛弃急功近利、短视无序的经营理念，才能实现由价值驱动转向品牌驱动，国产品牌才有希望的未来。

—2021年4月27日

今天是第五个"中国品牌日"。品牌是产业价值创造的集中体现，中国服装产业从制造强国向时尚强国的转变，必定基于一大批世界级的制造品牌、区域品牌和终端品牌的涌现。

—2021年5月10日

截至"十三五"末，中国服装企业品牌价值超过50亿元的超过30家，总价值超过4600亿元，其中11家超过100亿元，最高价值超过500亿元。在这些价值50亿元甚至100亿元的品牌中，有几个在国际消费市场业绩领先的品牌？有几个被国际时尚界称颂的品牌？又涌现出几个真正可与国际一线品牌相媲美的品牌？如果屈指可数或还是空白，那这些数字不是更让中国服装品牌尴尬吗？

产业的发展需要"赞歌"的激励，但更需要有说出不足和致命缺陷的勇气。中国服装经过四十余年的高速发展，在消费升级的引导下刚开始冷静下来思考未来，却被疫情带来的被逼的数字化升级带入了一个缥缈的世界，人们开始觉得在这个世界里一切都那么伸手可得，虚拟的数字再次把人们带入疯狂。

中国的产业还不到唱赞歌的时候，更没有写赞歌的资本！这个产业需要冷静地思考，需要创新的精神，需要脚踏实地的工匠，产业才有希望，而这一切我们都还没有完全做到。

——2021年5月27日

走品牌之路，没有捷径，需要心无旁骛，不被快钱吸引，不被浮躁诱惑。用时间去沉淀文化，用执着去追求完美，用创新去迭代更新。如此坚持，品牌的辉煌才会在无彷徨的脚下延伸。

——2021年8月16日

人们对服饰的需求，从来没有像今天这样碎片化、个性化、品质化、便捷化，并承载更多的文化和情感的融入。品牌企业，要学会在这变化和无边缘的世界重新找回自己的定位，专一而不是泛泛，静心而不再浮躁。

——2021年8月18日

随着中国经济、社会的高质量发展，中国消费者文化自觉和文化自信快速增强，消费市场对具有中国文化主张时尚的认同和追求快速增强，这对企业文化创意以及品牌话语权提升更是带来了前所未有的价值支撑。

——2021年10月17日

○ 品牌如何面对网络世界

　　以信息技术、大数据、人工智能、5G为代表的科技创新浪潮，正在席卷整个世界，新一轮科技革命和产业变革正在深度影响着全球时尚行业的发展变化和转型升级。数字化、信息化成为品牌转型的重要方向，品牌需要重新思考如何打造从生产到营销的全产业链数字生态。

—2021年5月28日

　　为什么改革开放四十多年了，我们还热衷于在市场最低端的价格层面竞争？国外品牌的溢价能力我们已经领教过了，可为什么我们依然不把思维聚焦到品牌的塑造上，而要大张旗鼓地搞最低端的直播卖货？一个渴望有未来的企业，必须要在品牌上下功夫，一旦你拥有了品牌的影响力，不需要再人为吆喝，消费者自然就会慕名而来。而且，随着企业的发展，你的品牌价值也会越来越大，而这才应是企业经营的终极目的。

—2021年5月28日

　　当今受社交媒体深刻改造的商业社会正在前所未有地将一切符号化，依靠拼贴和缝合叙事。人们不再关心每个个体的故事，而是致力于对一个元素进行病毒化传播，通过 logo 的不断重复来制造景观。

—2021 年 6 月 16 日

　　网络时代，人人都有一个造势的平台，人人都是舆论的传播者。品牌的创立和发展，从来没有像今天这样要面对来自虚拟与现实的冲击和考验。在这个信息极度对等的时代，企业应更多地了解和建立品牌风险防范体系，知所为，知所不为……

—2021 年 10 月 29 日

　　潮流易逝，在不确定中寻找确定性。对于品牌的长期发展而言，挑战也是显而易见的。自从年轻人接过消费大权后，似乎所有品牌的焦虑都变成了如何保持年轻。将时间轴拉长，每个人都会变老，品牌究竟如何与年轻人一直保持相关性，又如何延长品牌的生命周期，对于由年轻人撑起的潮流文化而言，这更是关乎品牌生死的问题。

—2021 年 11 月 8 日

　　走品牌之路，没有捷径。在直播泛滥时代，一些品牌过度迷恋"打造爆款"，在服装领域用廉价缩水款割起了韭菜，用低价品换市场，显然无法建立品牌，建立自身可持续的基础……

—2021 年 12 月 13 日

　　无论是"汉服"带来的文化自信，还是带有文化符号服装品牌的鹊起，国潮服装市场历经十余年发展都走到了一个节点：一个需要规范和引导的节点；一个需要深度挖掘文化宝藏和不断推出创新示范的节点；一个需要传统与科技相互交融、相互转化的节点。服装品牌能否站稳国潮风口，靠的是市场的响应，靠的是对文化深度地解读和延续，更靠的是不断创新和科技文化的支撑。

——2022年1月15日

今天，媒介呈现多元化、碎片化的特征，媒体内容十分庞杂，消费者的信息渠道不再闭塞，有机会和企业（产品方）进行直接的多元互动。品牌企业难以快速影响用户的记忆。消费者的信息获得与产品购买决策逐渐一体化，推动我们进入了所见即所得、决策即购买的新品牌时代。在新品牌时代，让消费者产生购买冲动的互动沟通是关键，特别是带来裂变的高效激励以及口碑式的爆炸传播。如今我们需要构建更多的消费者触点，构建更好的消费体验。

——2022年1月19日

不可否认，近几年资本的加持推动了网络服装品牌的快速发展，但"资本来到世间，每个毛孔都滴着肮脏的血"这一天然属性，决定了它逐利的本性和快速攫取利益的模式。

品牌的打造需要时间的沉淀和技术的积累，而资本的诉求与品牌打造观念明显相悖。资本与品牌同床异梦，它们的联姻注定是一厢情愿。

中国服装产业经过四十余年的发展，处在由要素驱动向品牌驱动、科技驱动转变的节点。如何引导企业在完成最初的资本积累之后以品牌发展需求为导向，以持之以恒打造品牌生态为长远目标，以打造富有国际影响力的中国品牌为最终愿景，而不被资本所左右，是今后较长一段时间我们思虑和践行的重点。

——2022年1月29日

○ 创意就是解药

优秀的工业设计一定不是简单的需求满足，除了时尚引领作用之外，还应是前瞻性理念和行业未来发展方向结合的传播者。

　　　　　　　　　　　　　　　　　　—2019年11月28日

设计师不等于设计师品牌，设计师的才华不等于设计师品牌的成功。从品牌经营的层面而言，品牌需要缜密的商业规划与定位。在消费者认知中，他们要清醒地知道品牌会给他们带来什么，而不会为不知道代表什么的品牌买单。

　　　　　　　　　　　　　　　　　　—2019年11月28日

当我们回想疫情之前的那段平坦时期，人们实际上只感到时尚业的贫乏无趣和创意枯竭，反而当危机来临，创意迎来了最被需要的时期。在最艰难的时候，人们在不断焦虑中，用创意弥补生活的缺憾，创意就是解药。

创意，其实是对生活所需的提炼和概括，它的载体是未来生活的一种方式。

　　　　　　　　　　　　　　　　　　—2020年4月15日

　　广州左登服装公司，一个成立不足四年的小微企业，依靠自己的开发创新能力，在今年疫情下整体销售不降反升，在天猫平台单品销售一度名列第二成为行业瞩目新秀。服装企业应增强产品研发创新意识，重点开发生产个性化、时尚化、功能化、智能化的服装产品，加强中高端服装的生产和供给。

—2020年6月15日

　　结合自身个性，大胆创新模式，不追随，不盲从，你才不会为别人的炫耀去买单，才不会成为茶余饭后的笑柄。

—2020年7月2日

　　创意思考与思维创新是设计艺术最根本的动力，这两点对于创新设计缺一不可。同时这两点也是最有效地提升设计者的设计能力的方法。

—2020年8月7日

　　"新消费"是基于：新环境、新人群、新需求、新供给、新营销、新渠道、新技术条件下与传统消费的区别。充分认知"新消费"特征和现状，有助于企业不断修正自己并在创新设计中始终引领时尚。

—2020年8月12日

　　伟大的设计一定具有"时间的价值"。好的设计不仅随着社会文化而更替，更会先一步而改变，通过技术、通过创新、通过美的细节来展现生活的各种可能。

—2020年10月16日

　　时尚从不缺看客，缺的是创新引领者；而当引领者不再孤单，"中国时尚"才有希望。

——2020年10月16日

做好中国设计，讲好中国故事，塑造中国态度，强化中国影响，通过良好的身份定义，实现品牌溢价。

——2021年1月11日

不断地重塑和质疑时尚界现有的教条，是创意在这个行业中不断发展的唯一途径。跳出条条框框的思考是让事情向前发展的原因。

——2021年4月22日

以专业和理智的心态看待汉服市场十余年的发展，会发现它只停留在个性需求及特殊场景下，并没有带来任何对现代服装结构的冲击或穿着习惯的改变，更没有带来对产业升级的推动。

古汉服的华美令人窒息，我们只能在T台上感受先贤的馈赠，并假以时日期待传承。但时代的进步，经济的发展，社会环境的改变，需要我们重新定义汉服，包括它的造型，而绝非简单地照搬、添加或重彩。否则，汉服只能是小众个性的张扬，历史文化的宣示，弥补自信的喧嚣，历史怀旧的秀。

——2022年6月20日

俗话说：高手在民间。我们从不缺创意，缺的是对创意的尊重。服装是时尚产业的支柱，而创意又是时尚的支柱。我们多一些对创意的爱护，企业（或个人）就多一些创意的意愿，时尚也会因此多姿多彩。

否则，人们甘愿沉沦时下网络的造梦空间，又有谁愿意为创意付出时间和成本？又有谁愿意为这个支柱添砖加瓦？

——2022年6月30日

○ 创新的动力 ···

　　近些年，一些快时尚品牌在给中国消费者带来快时尚概念的同时，带来更多的是警示：从种植、生产到回收，时尚业让这颗星球承受了太多压力，可用水量、土地消耗、防治污染的成本，并没有被包括在每一件廉价服饰的价格中。服装纺织业正在大量消耗地球上的不可再生资源。中国庞大的消费基数下，如果盲目效仿、跟随西方的"快时尚"理念，它带来的滞后影响，带给我们的冲击将会是什么？

　　所以，中国的时尚一定是在中国的发展理念上，在中华文化深厚的底蕴中吮吸营养寻找灵感，发掘属于自己的个性符号，以创新带动品牌发展，进而真正实现产业由要素驱动向创新驱动的转变，这才是中国服装真正的快时尚之路。

——2021 年 6 月 18 日

　　创新的本质是突破，即突破旧的思维定式，旧的常规戒律。创新活动的核心是"新"，它或者是产品的结构、性能和外部特征的变革，或者是造型设计、内容的表现形式和手段的创造，或者是内容的丰富和完善。传统产业，特别是服装产业，在经过四十余年发展后的今天，如何由制造向创造转变？如何由要素驱动向创新驱动转变？需要引领，需要方向。

——2021 年 7 月 27 日

企业创新与消费动力不足的原因在哪里？

在市场需求增长不及预期，国内疫情、汛情冲击以及基数效应减弱等因素影响下，行业增速持续放缓。展望未来一年，疫情反复、成本上涨、供应链产业链不够畅通等因素均会给企业盈利持续恢复造成较大压力，企业步履艰难，员工收入必然受到影响，随之带来消费信心降低。在此背景下，企业如何向创新转变？如何培育新动能？如何培育新型消费？如何才能扩大内需？

当下，线上经济、无接触式消费等新模式备受推崇，网络直播向中国经济社会全方位渗透，公众号、小程序、直播间等社群营销，淘宝、天猫、京东等传统电商平台依托流量优势迅速在直播电商市场抢占鳌头，抖音、快手等直播平台纷纷加大电商业务布局。普通百姓在收入不稳定的焦虑下，消费越来越多地向线上集中，而此时的消费者购买标准是无下限的"物美价廉"，线上众商家为了获取关注，获得流量，延续生存，更是彼此竞价，不惜血本厮杀，这是中国庞大的产业规模供给侧带来的消费场景。

此时互联网平台上90%以上的企业利润被过度挤压，它们只能以数量、快钱为第一目标，抄袭、仿造成为快速兑现这一目标的首选，在此动因下，企业缺少或根本没有创新的意愿。企业创新与消费动力不足的原因就在这里！

——2021年11月8日

鉴于地域辽阔，诉求不一，有关校服设计及生产应制定区域标准而非统一标准。"政策引导，时时监督"是职能部门范畴；"不断创新，适应需求"是校服企业责任。具体到如何采购？谁来采购？如何定价？这些属于校方行为，市场规则。改革开放四十余年校服的演变，是中国经济发展的体现及人民日益增长的物质需求的表达。校服的

"皆大欢喜"同样属于系统工程，设计的提升、企业能力的转变、社会认知的提高缺一不可……

——2022年1月12日

把平常玩成精彩，把传统玩成经典。每个细胞都渗透着创意，这就是值得我们敬畏和学习的欧洲人的创新意识。

——2022年1月15日

在物质极大丰富的今天，"产品竞争力"的关键更多地体现在产品创新能力和品牌溢价能力上……

——2022年1月17日

刚刚结束的古驰（GUCCI）一场大秀，演绎品牌2023年的时尚理念，风格复古、简洁、中性、环保，重服饰以标签个性，显示GUCCI对服饰全品类风格把控能力。我们可以从整场秀当中，看出品牌对过往时尚的怀念，以此表达对现时全球因地缘政治影响带来诸多不确定性的焦虑。

对于国内品牌设计师来说，这场时装秀，让我们更多地看到和学到国际品牌设计师的创新能力、全球化视野、极简的设计手法及对新材料的掌控能力。一场秀、一次认知、一段未来、一种诠释。品牌的魅力不在于网络的喧嚣和数字，而在于每次展示都可以撩拨到你的时尚神经。

——2022年7月14日

○ 文化是时尚的支柱

2020年，注定要留给我们太多的不确定性，太多的难忘和回忆，太多的不得不转变。如同时尚产业，无定性和总是充满希望，其实一直在探寻自己不同于他人的发展路径。

——2020年3月18日

潮牌兴起背后是新消费的诉求和主张。近五年，潮牌市场增速是普通品牌的三倍之多，快速增长的市场背后，是"95后""00后"新一代消费主力军的助推，他们有着强烈的自我表达欲望，渴望通过小众商品彰显自我，用"非传统"的方式去表达传统、用"酷"的方式去复古、用流行的方式去诉说文化。

——2020年8月12日

时尚，以文化为前提和基础，是文化的体现；文化，为时尚提供了创意和灵感。同时，时尚作为前沿文化，引导着文化的走向，影响着大众的喜好。文化的认同，正在成为"中国时尚"的支柱。

——2020年10月26日

时尚需要服装的演绎，而人与服装之间需要架构起怎样的桥梁，才能体现出人类与美共存的关系，这是每个关注美丽事物的人想要参与探讨的恒久话题。

新锐总是意味着突破自我与风格的形成，所以时尚作为时间的产物，最终被年轻一代掌握最新的话语权，他们所呈现和表达的，也许打破传统令人不适，却因此推动了时尚的车轮驶向另一个纪元。

—2021年4月21日

"高级定制与时尚"从概念上区分，"高级定制"是针对个体，"时尚"则属于群体反映。从两者关系上来说，高级定制可以不时尚，但时尚却可以定制。

高级定制始终在追随时尚并体现自己的不同，但时尚一直在青年的簇拥下傲娇前行，让定制因此而高级。

—2021年5月14日

中国千年衣裳文化，在当今日渐自信的中国再度成为时尚标签的时候，能否真正通过良性引领使其成为时代"华服"，被大众接受而非小众炫耀？能否将文化属性与社会进步的需求属性相结合，成为普罗大众认知的衣裳进步？决定了"华服"是否可延续而非一时喧闹……我们期待自信的中国昂首世界，"华服"而非"西服"可以成为这一自信的载体和呈现！

—2021年7月23日

新的势力兴起总能引人注目，而不断追求完美的设计创新，总能唤起人们对未来的希冀。时尚，一直在用自己可见的语言表达着对未来的态度。

—2021年8月17日

文化作为一个历史范畴，是一定社会条件下的产物，不同社会具有不同性质的文化。在迅速发展的当今世界，一个国家的发展并不仅仅看重物质财富的多寡、社会发展的快慢，而更看重文化和精神文明的发展水平。各国的文化发展水平已经是一种综合国力的重要体现。中华民族是拥有几千年历史的文明古国，我们有更为深厚的文化底蕴。在不断变更的新时代，如何在传统文化的基础上注入创新活力的血液，使其衍生为符合当下背景、满足当下消费需求的新时代文化精神，是中国时尚产业进步和得到世界认可的前提。

—2022年2月28日

○ 时尚是文化的主张

　　过去几年街头文化对高级时装文化的"祛魅"已经损害了时尚的造梦内核，有矫枉过正的嫌疑。时尚还是需要通过造梦，保持对消费者的吸引力，才能维持运转。尤其是在疫情后，越是在艰难的环境下，人们越是需要做工精美的时装和美好的创意构思，来逃脱现实的苦涩。

——2021 年 9 月 11 日

　　时尚的形成是各要素的集合，而时尚的延续则是社会进步的体现和文化认知的完备。时尚从来都不孤单，它以自身鲜明的属性，号聚随行者，一同记录这个时代的追求和希望。

——2021 年 9 月 11 日

　　文化的延续在于不断吸收、创新、赋予时代需求并可持续，绝非简单模仿、复制。时尚是文化渗透的载体，是这个时代场景的应用和符号，更是文明提升的标志。它的每一次华丽转身，都是与文化交融重生的展现。

——2022 年 1 月 29 日

　　《千里江山图》壮丽的青山绿水，在 900 年后又一次击中了世人的心灵。从不同角度诠释文化，可以令人感动。中国服装国潮品牌是否从中得到什么启迪？从中领悟到什么？时尚是文化的反映，文化的沉淀让时尚"多姿""多彩"。当时尚与文化完美融合，时尚会少一些浮躁和轻浮，多一些包容和认同。

——2022年2月2日

如果问，当下的中国服装时尚，有没有形成自己的文化？相信绝大多数人会脱口而出"当然有"。但，当问及什么是"当下中国服装时尚文化"时，恐怕极少有人说得清楚。

当你站在1978年中国经济转折节点的时间轴上，审视43年服装时尚的历程时，才发现我们的时尚文化如此模糊不清，而"文化"二字对于服装产业来说如此高高在上，却又如此缺乏内涵。我们的服装产业和时尚消费还承受不起"文化"之重。

文化的传承，源于初始的教育，弘扬于时代的进步，丰富于历史的长河，沉淀于岁月的年华。而作为这一分支表现的服饰文化，在近五十年却没有得以充实。我们一直在仿效和追随的路上鹊舞，飞速的车轮没有留下踏实的印迹，更谈不上思考和积累，文化离我们渐行渐远，而"服饰文化"更多地被用来给品牌贴金。

无论从大学教育，无论从社会宣讲，无论从生态打造，我们是否该反思，在中国现代服饰文化建设上做过哪些？我们该做哪些？

——2022年4月8日

服饰文化建设，是产业实现升级的底层基础；是企业由要素驱动转向品牌驱动的前提；是推动中国服装品牌高质量发展的驱动器。服装文化建设，是引导由产品消费向品牌消费转变的前提；是消费市场健康绿色可持续发展的需要；是培育与社会发展同步的消费群体的需求；是打造真正蕴含中华服饰文化与引领时尚潮流生态的保障。

——2022年4月11日

时尚不是俯首拾来的花哨，一段可以回味的时尚应该包含文化、创意及思想。

缺少文化的"时尚"注定昙花一现；

缺少创意的"时尚"只会东施效颦；

缺少思想的"时尚"只是过眼烟云。

时间从来不是时尚的终结者，而理念却可成为时尚的防火墙。

——2022年6月25日

○ 绿色的渗透决定了产业地位

　　快时尚企业所采取的"旧衣物回收"措施，不过是一个伪善的作秀噱头。因为纤维在处理过程中都被切碎了，在回收的棉制品中最多只有20%可以重新做成新的成衣。还有一个重点需要考虑的问题是，旧衣物回收循环利用的效率是由废弃物的质量决定的，根据美国二级材料及回收纺织品协会提供的数据表明，至少有35%的回收衣物由于质量差而被直接扔到垃圾场。因此，快时尚是导致时尚系统不可持续的非常重要的原因之一。

——2019年11月4日

　　环保、可持续发展，是企业社会责任，更是品牌谋求之目的。在可预见的未来，"绿色，双碳，可持续"在时尚行业的渗透及践行程度，决定了其产业地位。在消费升级且日益网络化的今天，更多的人类共存理念和不懈的环保诉求，会赋予品牌文化更多的内涵，进而撩拨消费响应，以标签化自身形象。

——2020年6月5日

　　"科技""时尚""绿色"已成为中国纺织服装产业新的定位。从政策层面，作为我国中长期的一项重要国策，绿色经济体系的建设对未来的经济增长模式带来深远的影响，会带来新一轮经济长足发展。在市场层面，突如其来的新冠肺炎疫情让全球遭遇黑天鹅，率先在抗疫和经济恢复中取得阶段性成果的中国市场，并快速崛起了"可持续时尚产业"。

——2020年8月28日

在"可持续时尚元年"，适逢中国处于"以国内大循环为主、国内国际双循环相互促进"政策指引下，举国踏在强国之路上，时尚产业如何在复杂的经济形势下做出更长远的谋划？此时，关于可持续时尚的生意变得更具挑战性。

——2020年9月17日

"可持续时尚"的概念之风从欧美国家刮到中国也不过就几年的光景，在对概念实质内涵一知半解的情况下，被大大小小的品牌和时尚活动频繁地使用，使得"可持续时尚"正在成为"空喊口号，不见落地"的粉饼。

——2020年10月9日

○ 时尚的绿色意义

中国时尚行业在可持续时尚方面取得的共识无疑令人兴奋，但是与国际市场相比，无论是大公司还是独立品牌在该领域的决心和渗透度依然不够理想，对于紧迫度的认识还未完全普及。在变"绿"这件事上，中国时尚界的响应速度远不及增长速度。

——2020年10月20日

对于一个拥有14亿人口的国家，一个每年产能超过400亿件的产业来说，"可持续时尚"话题究竟有多少内容可以持续？有多少投入可以持续？有多少措施可以落地？

博主Bryan Yambao曾喊话时尚圈：集体一股脑地涌向研发各种可持续新产品并不是可持续行为，想知道什么是可持续吗？穿着你的旧衣服，就是这样，再见！

——2020年10月27日

无论从原材料、生产设备、生产工艺要求来讲，服装都属于高度依赖自然资源、高耗能、重污染行业，如何在中国服装产业推进并落地"可持续发展"是产业责任，需要产业的集体意识和广大企业的主动参与，而非个别品牌的推广噱头，也非一线品牌"独享"专利。在庞大的中国服装产业面前，"可持续发展"话题，也许真的需要"可持续"。

——2021年4月16日

循环时尚是不同利益相关方为实现产业可持续发展正在积极推进的产业系统解决方案——按照循环经济的原则，让纤维、纺织品和服装在设计、生产、使用和循环的过程中发挥最大价值，减少资源的消耗和废弃物的产生，重塑更负责任、更具韧性的产业未来。

——2021年4月22日

践行可持续发展，不是口号，不是噱头，更不应成为头部品牌显示自己与众不同的标识。"双碳"目标不应只是个别大企业的责任和承诺，而要成为全产业共同承担的责任，成为命运共同体，成为社会共识、目标，才可能实现。只有超过60%的企业积极参与进来，中国服装产业对社会的碳达峰及环保承诺才有意义，才会兑现。

——2021年4月30日

"双碳"目标之下，"以技术为王，提升产业竞争优势；以协同共进，提升降碳成效；以开放合作，扩大行业发展空间"是纺织行业实现可持续发展的有效路径。

——2021年10月27日

服装行业如何借助大纺织的科技优势，加快与之融合，并带动新材料、新技术、新工艺的下游应用？引导占产业规模90%以上的中小企业，主动且有意愿地加入减排行动？如何引导产业集群抓住绿色低碳转型带来的巨大机遇，寻找新的发展动力，加速产业调整，重塑供应链，让数字经济赋能传统产业，打造新的产业优势？以上问题，是中国服装产业能否践行"双碳"目标的关键和难点……

　　　　　　　　　　　　　　　　　　—2021年10月28日

　　有关时尚产品如何实现绿色可持续话题，不是玩概念、绣花活，而是要扎扎实实地做好废旧衣物材料的二次再利用转化及应用研究，并踏踏实实地在此持续投入，才可能真正在新技术、新工艺、新科技的加持下，推出可落地绿色方案并被企业广泛应用，产品被消费者乐于接受，进而转化为整个产业新的增长点和绿色发展。而任何浮躁、投机取巧和"弯道超车"，只会误导产业，其产品也只会成为模特在T台走秀的噱头。

　　　　　　　　　　　　　　　　　　　—2022年8月1日

○ 企业数字转型不是简单地解决一个问题 ···

国内男装行业仍处在转型探索期，对多数男装服企挑战不少，无论是回归主业，还是选择投资其他领域重振主业，抑或是通过多品牌策略丰富产品线稳固行业地位，都离不开审时度势的理性与革新开创的勇气。

—2018年8月22日

无论如何不要抗拒新技术，要学习它、拥抱它、了解它，并将它融入企业的规划和发展中。不接受新技术，企业不可能有未来。

—2019年1月10日

企业数字转型不是简单地解决单点单环节应用问题，而是一项复杂的系统工程，是以开放平台为基础支撑、以数据为核心，通过数据驱动企业战略思维、业务流程、组织管理、商业模式和人才培养的全方位转型，旨在通过数字技术应用重新定义和设计数字产品和服务，帮助企业建立快速有效、开放且能深度探索数据价值的生产运行管理体系，从而形成新能力、构筑新优势。

—2019年6月24日

对于企业而言，并不是所有的企业都需要转型多元化，假如你对自己的主业有信心，不胡乱转型，不瞎搞多元化，或许能够更成功！

——2020年1月21日

此次疫情，会倒逼企业转型升级，加快自身结构调整，修正传统思维模式。同时，一定会倒掉一批中小企业，我们没必要为每个倒掉的企业呼嚎，因为，政府和市场不是保姆，企业经营者要有自己的担当和定力，这是市场与自然的生存法则。

——2020年2月17日

中小企业究竟如何变危机为契机，借此解决自身深层次问题，开辟"柳暗花明又一村"，实现华丽转身。后疫情时代，企业应认真梳理、考评原供应链各环节要素与企业关联，重新认识和搭建基于新环境、新渠道、新模式、新需求下的新供应链关系。对供应链的整合与掌控能力，是决定企业今后从容应对市场变化成败的前提。

——2020年6月14日

企业数字化转型没有半推半就的方案。

对于大多数中小企业来说，转型也许是痛苦的，如果没有壮士断腕、刮骨疗毒的勇气，很难达成业务模式和生产模式的再造，并看到成效。而基于降低成本思维、东拼西凑的数字化转型方案，或只是某个流程及环节的改造，只会使企业陷入更深的传统泥潭。

——2022年7月1日

○ 企业应重新审视自身

随着大批原来的外贸企业转向内需生产，将使本已竞争激烈的市场更趋白热化。此时企业应重新审视自身业务链条，放弃不具备核心优势的行业，回归主业，提高专业化经营的程度，走向归核的道路。在新的生存环境下，以退为进，做专、做精、做强，是进一步做大的必经之路。

——2020年7月23日

"内循环"诚然是应对当前国际形势的应变之举，但也不妨看作是一个契机，来整顿过去外向型经济所带来的粗犷之风，更好地打造企业的"内功"。

——2020年8月13日

经常听到企业抱怨供应链不给力的，可是没听到反思自己的内部商品控制不给力的。也许大家都习惯性地把断货和库存归结为外部问题，却没有想到供应链应该是而且必须是品牌方主导。

——2020年8月25日

数字化、网络化、智能化成为第四次工业革命的核心内容，以信息技术、人工智能为代表的新科技正在使整个世界发生有史以来最为迅速、最为广泛和最为深刻的变革。而这一轮科技创新浪潮也对服装行业的生产方式、发展模式和产业生态等带来重大影响,重塑产业设计、生产及使用产品与服务方式,为服装产业的升级发展带来前所未有的历史机遇。

——2021年1月16日

疫情带来的2021年最大的确定性就是"不确定性",企业要由仓促应战转变为积极应对,在经营思维方式、内部架构设置、渠道构建模式、新场景体验服务上下一番功夫,重新审视自身在"双碳"目标和可持续时尚中的定位,在国家战略方针指导下,寻找新动能,打造企业可持续发展的核心竞争力。

——2021年7月30日

作为纺织出口企业,要清楚认识当下国际国内两大需求市场的变化,及时调整业务结构,推动企业由要素驱动向创新驱动发展,企业才有可能在不确定市场中,找到自身确定的方向,而不被疫情所左右。

——2021年8月11日

根据中华人民共和国海关总署统计,2019年1~12月我国服装出口呈现量价齐跌态势,服装及衣着附件出口1534.53亿美元,同比下降3.74%;出口数量298.43亿件,同比下降2.98%;出口平均单价3.96美元/件,折合人民币不到28元/件。

这,就是没有设计,没有品牌,低端产能带来的收益!而随着能源及原材料涨价趋势成为必然,转型升级已是传统依靠加工生存的出口企业必由之路。

——2021年10月24日

　　对于个人而言，有什么样的目标，就有什么样的人生。对于企业而言，有什么样的愿景，就有什么样的未来。无论对于企业或是对于个人而言，今天站在哪个位置不重要，重要的是下一步迈向哪里⋯⋯

——2021年12月27日

○ 工匠精神

中国服装业品牌建设之路任重而道远，我们不缺少时尚，不缺少技艺，但我们缺少坚持用"工匠精神"打造品牌的初心！没有工匠队伍与工匠精神，就不可能有工匠文化，中国的制造业就不可能会有长足且稳定的高质量进步。

——2019年2月1日

建设品牌是一件更需要耐心的事情，品牌复兴也需要更强的势能，在时尚领域野心勃勃的中国资本道路漫长。打造百年品牌，需要坚守"初心"，更需要"工匠精神"，而这两点恰恰是我们最缺乏的。

——2020年5月21日

中国服装产业需要有申洲国际这样的制造企业，但更需要波司登这样的企业，以中国设计，中国文化，以固守初心的工匠精神，打造中国百年服装品牌，赢得国际时尚界的尊重，赢得国际消费市场的认同。

——2020年11月27日

"炮制虽繁必不敢省人工，品位虽贵必不敢减物力。"在互联网高度发达的中国，在电子商务飞速发展的今天，在各行各业呈现日益浮躁的现时，在制造业亟须升级的当下，呼唤回归工匠精神，有着必要且特殊的意义！

——2020年12月30日

中国服装需要打造国际品牌，需要以品牌重塑中国制造，进而以品牌弘扬五千年衣裳文化。在品牌的道路上，需要在垂直领域不懈追求的匠心，中国服装人任重而道远。我们期待未来可以拥有时尚话语权，国际时尚T台中心在中国，更期待我们可以拥有自己的且国际认可的评级机构，引领国际时尚，进而为中国时尚进步助力，为这个世界增添不一样的东方色彩。

——2021年4月13日

工匠精神，是一种职业精神，它是职业道德、职业能力、职业品质的综合体现。工匠精神是社会文明进步的重要尺度，是中国制造前行的精神源泉，是企业竞争发展的品牌资本，是员工个人成长的道德指引。企业的发展，行业的进步，产业的升级，我们需要太多的工匠！

——2021年10月22日

○ 如何持续吸引年轻人

在新消费市场的影响下，新一轮国资收购潮也面临着新挑战，在解决"如何活下来"问题之后，"如何发展"又将成为一个新的考虑方向。

——2019年1月3日

年轻消费者的时尚观念已发生微妙改变。如何持续吸引年轻人，是快时尚品牌未来很长一段时间内，必须思考并解决的重要课题。

——2019年1月22日

与PC端培养起来的欧美消费者完全不同，中国消费者没有在品牌官网购物的习惯，而是直接地跳入移动端，在淘宝、天猫和京东等超级电商平台购物的习惯已经根深蒂固。

——2019年6月19日

新消费趋势下，研究消费行为包括：消费需求、消费水平、消费结构、消费方式、消费市场、消费心理与行为、消费引导和消费与经济社会的协调等问题。

——2020年5月8日

"新消费"是基于：新环境、新人群、新供给、新营销、新渠道、新技术条件下与传统消费的区别。产业集群如何在新消费中重新定位自己？并确立今后发展路径？企业又该如何在新消费浪潮中找到切入点？回答并解决这些问题，也许真的需要我们从"心"开始。

—2020年6月1日

从穿着场景看汉服消费是否可持续?

在现实生活中，很难想象一个人身穿汉服去挤公交地铁，很难想象穿着汉服骑着共享单车去办事；在90%以上写字楼里很难看到穿着汉服的文员在工作或接待客户；在购物中心、菜市场、电影院这些日常生活场景中，有千万分之一的人穿汉服出行吗？出外旅游或登山健身穿一身汉服可以吗？作为一身情调服饰拍照当然可以。

所以，汉服这一品类在当下缺乏穿着场景，且传统汉服与现代服装功效相比无任何优势可言，由此造成消费者自身需求动力不足，复购率低。汉服虽已出圈，但在日常生活工作中穿着汉服仍可能会被视为奇装异服，促使消费者购买汉服后穿着频次低，长期闲置，产品价值无法体现，阻碍消费者复购。统计数据显示，2021年汉服消费复购率不到1%，"90后""00后"等年轻消费者大都抱着"猎奇""追热"心态购买汉服，对汉服文化缺乏甚至没有基本认知，更缺乏汉服穿着服饰的整体搭配常识，在新鲜感过去后自然没有复购欲望。

近五年，汉服市场规模虽不断增长，但并不能由此简单推断它未来有巨大的发展空间。任何一个消费品，它的兴起，如果只是因为猎奇、从众或冲动，而产品本身没有任何实用价值且在消费市场没有复购率，那它的最终消亡就成为必然。

—2022年7月12日

近二十年中国零售业飞速发展，虽然传统百货也在不断谋求商业模式变化，寻找出口，但在互联网裹挟新消费时代的急速冲击下，它们终究难以逾越体制的束缚，只能在昂贵的大街上接受老人的膜拜，目送快闪的人流。

新环境、新消费，正在倒逼商业不断否定自我，定义自我，引人关注。

——2022年7月13日

○ 消费的增长，离不开 Z 世代

消费，已从经济概念转变为文化概念。

新"国潮"是以品牌为载体，以文化为语言的一种现象。近年来，传统文化的回归以及大众对文化的强烈认同助推"国潮"的崛起。

越来越多的消费者愿意为传统文化而消费，带有"中国文化"元素的时尚产品也日渐成为新生代消费者彰显自我个性、打造个人属性的一种风向标。

—2020年6月5日

消费的增长，离不开 Z 世代。他们有着极高的商业价值并懂得创造自我价值，整个社会的未来都将以他们的独特存在和个性方式重新做定义，如果学会和他们沟通，并掌握他们的时尚密码，便是掌握了未来新消费时代的法则。

—2020年6月8日

当消费遇到个性，一切的重构都在回归消费本质，在多、快、好、省的前提下，满足无底线的追求……

这其中，服饰，成为向世人展示个性、实力、品位、文化的最佳宣讲载体；人们用无尽的追求，力图宣示自身的多样性，以获取话语权。

—2020年6月10日

"95后""00后"作为新一代消费主力军，他们有着强烈的自我表达欲望，渴望通过小众商品彰显自我，用"非传统"的方式去表达传统、用"酷"的方式去复古、用流行的方式去诉说文化，国潮消费者正在传统文化中追寻自我个性的彰显。

——2020年6月11日

"奥特莱斯"业态十八年前进入中国，因其特有的属性受到消费者的关注和喜爱。作为零售渠道之一，它对品牌的某种推动和助力作用，不会因某一个突发事件而改变。相反，疫情会推动传统模式的转变和自我完善……

——2020年8月1日

夜间消费行为具有很强的可塑性：既可以消费，也可以不消费；既可以提前消费，也可以延后消费。关键看怎样引导、怎样推动。繁荣夜经济，固然需要个人改变消费习惯，解决"想消费"问题，但更关键的是政府和企业行动起来，解决"能消费"问题。

——2020年8月13日

敏感的神经或许已经发现，潮流市场已经来到一个关键的时间节点。市场不断涌入新的玩家，媒体、电商、品牌、展会等概念打乱重组，每个个体都在混沌中摸索着一个新未来的雏形。在这个充满不确定性的行业中唯一确定的或许是，这个行业面对的是同一批年轻人，他们是用户，是读者，也是消费者。

——2020年9月11日

对于服装业来说，2020年可谓是一场猝不及防的面对，迫不得已的应对。疫情在重构这个庞大的市场同时，也加快了产业数字化的步伐，倒逼企业重新审视自身的架构体系，重新定义品牌的未来方向，从而可以面对"新消费"的突起。

——2021年1月2日

　　Z世代的兴起，正在影响和改变我们对传统商业模式的认知，而为了获取这些流量，商业巨头也在不遗余力地重塑自己。新场景、新体验，一声惊叹，留住了迟疑的脚步……

——2021年1月20日

○ **新消费场景的塑造**

　　新消费场景的塑造，加快了线上与线下的融合，人们在疲惫应对网络世界之余，终于发现内心深处的所求其实在实体店的一个角落……

——2021 年 1 月 27 日

　　市场分层化、需求小众化、消费个性化、购买便利化、消费主体年轻化，构成了今天中国"新消费"市场的五大特点。

——2021 年 7 月 21 日

　　如果说"90 后"之前的消费者认知还是外国品牌优于国货，那么如今"90 后""00 后"则认为国货是民族自豪和酷的代表。他们不仅在消费上区别于其他年龄层，在日常生活的态度和生活方式的追求更多受到街头文化和时尚文化的熏陶，所以个人在整个生活方式上、吃穿住行方面都有自己独到的需求和理解。

——2021 年 11 月 7 日

　　带入感及沉浸式体验是新消费特点之一，也是构建新消费场景、获取关注及流量的关键。当人们对物质的需求由生存需求转为精神需求的层面，视觉的冲击、精神的满足或补充，一定会成为消费的原动力。

——2021 年 12 月 1 日

新一轮消费升级更加多变、多元、多维。个性化、细分化、差异化的生活形态导致品牌诉求无法统一，众多服装品牌会推出年轻化、风格化的副线品牌，更多小而美的小众品牌受到青睐，年轻化、高端化逐渐成为服装行业转型升级的主流趋势。

—2021年12月9日

○ 数据正成为核心生产要素

互联网浪潮正从过去的消费互联网向产业互联网转移，巨头们以科技赋能的名义正在把"矛头"从 C（消费者）端转向 B（企业）端，他们希望越来越多的企业接入互联网，加快企业运营模式和商业模式的数字化，最终打造一个万物互联的新世界。

——2018 年 11 月 8 日

互联网正帮中国建立一套合理的社会结构，让每个人都能发挥自己所长，按照规则运转，在此基础上形成了新秩序，比如契约精神。遵守秩序就是道德，然后信仰就会水到渠成。

——2019 年 1 月 6 日

当今，我们正处在百年未有的大变革之中，互联网、大数据、人工智能等新一代信息技术正在引领新一轮科技革命，数字转型成为产业变革的主旋律。

——2019 年 1 月 9 日

大数据已成为国家下一个创新、竞争和发展的前沿，也必然成为企业提升核心竞争力的战略制高点。数据是企业的血液，被业务所驱使，在业务流程中流淌。服装企业如何学会、管好、用好数据，如何开展数字转型工作，是每个企业都要思考的问题。

——2019年1月12日

在数字经济时代，数据的重要性和价值毋庸置疑，未来将是数据驱动创新的时代。数据将成为"生产要素"并具有极大价值，公司之间的竞争已被动态数字化生态系统的竞争所取代。这场结构性的数字革命，甚至比蒸汽机和电力的引入更具革命性。

——2019年1月13日

数据正成为带动技术流、资金流、人才流、物资流的核心生产要素，数据自动流动水平成为衡量一个企业、一个行业甚至一个区域发展水平和竞争实力的关键指标。

——2019年1月22日

天猫"618"首轮预售被国产女装品牌一锅端，表面上是国内服饰品牌的整体崛起，但本质上是数字化能力拉开了差距。这并不是所有人的狂欢，一些品牌已经掉队，而当一些国内品牌的设计能力逐渐追赶上来，市场新格局将很快成型。

——2021年6月8日

在看到电子商务的飞速发展，对服装产业产生巨大推动作用的同时，也要看到它发展的不成熟、低端化、无序化的现状。如何规范电子商务行为，使其成为良性竞争的平台？如何建立行业自律，加强监管，使其真正成为助推品牌发展的抓手？是建立服装产业清爽网络空间的关键所在，也是做强做大网络平台的基础。

——2022年5月3日

○ 如何在数字时代找到切入点

数字技术在推动中国经济的发展，数字经济对传统经济模式的改变是全面的。服装企业，作为传统行业的代表，如何在这数字时代找到自己的切入点，加快转型升级，是决定每个企业未来发展的关键！

—2019年4月26日

面对分层化、小众化需求时代，营销必须要转向如何有效经营用户价值一端；面对移动互联网链接，需要借助有效营销手段去建立用户连接，有效经营好用户价值。在这套新营销体系模式下，产品是企业有效经营顾客的主要工具、载体。产品的主要价值是增强顾客体验、传播品牌文化，并通过产品作为入口去有效连接目标顾客。

—2020年3月27日

2020年，服装企业步入数字时代的前提，是要做好自身的"新基建"，包括产业链全网络化互联互通建设、企业内部网络全覆盖建设、设备间数字化兼容及协同建设、柔性生产智能化建设。

—2020年5月26日

风口浪尖，人人都以为通过直播就能获利。但是，亘古不变的真理告诉我们，好内容、好产品才是获利的基础。直播，不可能成为百病良药，更不可能一劳永逸。

——2020年5月28日

全国各地专业市场都有丰富的供应商资源，有已产生黏性的C端客户，有区位优势，企业应很好地利用这三大优势，利用中国发达的互联网基础设施并借助于5G技术，打造新型、可互动、可参与、可延展服务的互联网平台，而绝非传统意义上的网站或电子商务平台，来实现专业市场的华丽转身。

——2020年6月15日

信息技术的迭代更新加快了产业的细分和业态的多元，行业数字化、智能化、网络化的深入发展在专业细分领域对企业管理岗位和员工技能提出了更高要求。服装企业人才的需求变得更加复合化，加快对互联网产业与服装产业相结合的新兴技术人才、具有网络营销经验且熟悉服装产业运营的复合型人才的培养，将成为影响和制约行业今后发展的关键所在。

——2021年5月3日

平台算法能解决"千人千面"的问题，但在"一人多面"的问题面前却束手无策，而后者更接近消费行为的本质。"多、快、好、省"等不同维度的消费需求可以融洽地凝聚在一个人身上，然后在不同平台分别得到满足。因此，平台基于用户在单一平台的行为偏好进行消费者画像，并冀图以此为依据进行信息推荐与匹配，终究是徒劳的。在庞大的消费基数上，任何一种执着与深耕最终都会得到回报。

平台之间的倾轧不会带来最终的期盼，不要尝试去击垮谁，更要清楚你是谁，市场不会为你的勇气买单，而消费者只会为他的既得利益狂欢！

—2022年3月5日

企业数字化转型没有半推半就的方案。

对于大多数中小企业来说，转型也许是痛苦的，如果没有壮士断腕的勇气，很难达成业务模式和生产模式的再造，看到成效。而基于成本思维的东拼西凑，只是完成某一环节的信息化，只会使企业陷入更深的传统覆辙。

—2022年3月12日

○ 不要为别人的炫耀去买单

"直播带货"很火！

不知道大家有没有这种感觉：直播带货的数字越来越夸张了：现在，5分钟售罄300万元，一小时带货5000万元，一场直播带货3亿元，各种新闻标题在刺激着大家的神经。

如今，单场直播不破亿，你都不好意思和人打招呼。

实际上，如果你稍微了解一下直播带货背后的猫腻，这个所谓的2020新风口、5G改革发动机、全民致富密码本，堪称一场浩浩荡荡的直播大潮。

——2020年6月23日

现在的"直播带货"犹如一个哑铃，一头是平台（MCN），一头是消费者，中间是品牌厂商。一场直播下来，对于70%以上的企业来说，甜了两头，苦了中间，只有不到10%的企业真正从直播带货中获得了收益。

——2020年7月3日

2019年中国服装网络零售额近两万亿元，网购渠道对消费品市场增长的贡献率超过40%，网购渗透率达到35%。在这些光鲜数字的背后，我们更应看到由于缺乏有效的监管和约束，一些企业无自律可言，加之服装业庞大的供给，网络渠道给服装企业带来了新一轮的无序竞争、恶性杀价，服装在网络的引导下正在走向两极分化。

网络平台的无底线低价营销策略会导致的恶果：

（1）逼着企业在产品上以次充好。

（2）企业不会再钻研精工细作。

（3）企业不会再投入创新与开发。

（4）最终垮了企业、毁了产业！

—2020年8月23日

中国电子商务历经21年，移动终端用户超过9亿。庞大的市场，无尽的需求，网络渠道在更加多元化的同时，更需要完善监管指标和体系，建立实时封号机制，才能保障网络渠道健康有序发展。

对企业来说"网红直播带货"可以做，但要看你怎么做，靠价格战拼流量、拼粉丝，一定不会长久。我们的企业家要学会在纷繁中认清自己，在嘈杂中保持定力。对待网红直播，我们观摩但不艳羡，借鉴但不跟随，学习但不重复。牢记：好的产品才是你不竭的流量。你，才不会为别人的炫耀去买单，才不会成为他人茶余饭后的笑柄。

—2020年8月25日

"明星直播翻车，销量大跌40%"，贪婪的阴暗面一览无遗，沸腾的新兴行业，所承载的是人们急功近利，喧嚣浮躁，这些人性的弱点。直播最要命的就是，数据造假，销售注水。最终死的一定是中小微企业，在一夜狂欢之后，感慨世界上真的有坏人。

—2020年8月29日

建立基于服务线上消费行为的"网络商品信用资质"评价体系，是解决线上商品虚假宣传、以次充好，线上购物冲动消费以及被虚假评价误导消费，造成高退货率等诸多问题的关键。"网络商品信用资质"评价体系的建立，是新消费市场健康发展的保障及完善的标志。

—2021年4月28日

目前，"直播带货"已经成为中小服装企业主要的营销手段，企业在直面消费者加快库存消化的同时，不断暴露出低价竞争、虚假宣传、仿冒伪劣、流量造假等问题，严重扰乱了正常的市场秩序，由此导致的长期低单价，造成企业利润缩窄，产品研发投入意愿降低，企业失去发展动力，进而拖累整个行业的发展进程。

—2021年5月3日

"直播带货"是智能手机高度普及与互联网飞速发展的产物，是新技术、新基建、新群体、新消费下自然而然的产物，是网络营销的手段之一，是传统营销手段的补充。它的出现不是领导关心的结果，更不是部门推动的成果。

"直播带货"在不到五年的时间里，野蛮式地增长，把商业最低端的价格竞争从线下移至线上，它不是推动企业创新的动力，更不是经济高质量发展的标志。

所以，对待"直播带货"，建议主管部门及领导"少一点参与，多一点引导；少一点附和，多一点规则"。倡议我们的媒体"少一点吹捧，多一点思考；少一点笔墨，多一点真相"。也许这样，网络天空才会晴朗。

—2021年6月20日

在过去的一段时间，有许多培训咨询机构和自媒体，在对服装企业的培训和市场分析中，集中强调了对Z世代需求的关注及重要性，我对此不敢苟同。

依据去年公布的人口数据，Z世代只占我国人口总量19%。难道服装企业一定要洞察Z世代需求，否则就没有出路吗？答案显然是否定的。

中国有庞大的市场基础，有多元的消费结构，企业完全可以根据自身所处市场需求确定服务对象，而非跟风瞄准Z世代。因为还有80%的消费者需要企业面对、服务。所以，面对谁，服务谁，是企业的考量，我们的培训咨询机构给予企业的应该是思考的工具，绝非答案。

——2022年3月2日

一些自媒体舆论导向误导了服装企业对线上渠道的认知，更因为线上短期的疯狂增长，网络平台缺少监管机制，加之近两年疫情影响持续及经济趋势的不确定性带来的困局，人们在不安与焦躁中寻找安全，于是，短视并追逐短期利益成为一种生态，造成了企业营销行为的扭曲，原来我们在各地批发市场看到的竞价争客场面搬到了线上直播，当今的网络平台成为新形式的恶性竞争之地。

服装，作为传统行业，它的终端产品本身需要体验感，这种体验感无法摆脱对实体店的依赖。无论线上渠道如何发展，如果没有线下门店的支撑一定不可持续。线上渠道对于品牌销售的最大作用在于它的宣介和引流能力。

所以，如何打造适合新消费观念的实体店？如何营造符合品牌风格的消费场景？如何借助网络优势做到线下与线上的无缝衔接？如何把原来服装的传统零售服务转型为全面的个性化、数字化服务？才是我们大量中小企业，在面临当下变局中更多思考的内容。同时，中小企业在这信息日益碎片化的时代，一定要清晰"自己有什么，自己能做什么，自己想要什么"，否则，这无垠的网络世界只会让你步履艰难，劳心伤肺，而当你回过头来想看一下过往时，恐怕连一个脚印都没有……

—2022年5月7日

○ 智能制造

　　在经济寒冬下，以 AI 为驱动的"销售自动化智能化"是企业销售构建差异化和竞争优势，打破增长逆势的关键所在。

——2019 年 1 月 14 日

　　目前我国大部分制造企业尚停留在工业 2.0 阶段，大量数据下沉在各条生产线之间，信息化建设不足导致各类生产制造数据极度缺乏，中国制造业与智能制造之间还有太长的路要走。

——2019 年 2 月 1 日

　　要实现我国服装产业"科技、时尚、绿色及可持续"发展，首先修正模糊认识，厘清概念，从服装的特性出发，把握世界技术发展趋势，才能提出适合服装生产特性的智能制造发展战略。

——2020 年 3 月 28 日

　　服装行业的市场集中度较低，同时其中的很多企业自动化程度低，运营相对低效，非常有机会出现一个柔性的服装工业互联网平台，通过连接并分发信息给改造后的工厂，实现高效的服装生产和交付。这个机遇显露在阿里面前，没有理由不被抓住。

——2020 年 9 月 21 日

鉴于服装材料的多样性和不确定性，服装生产真正实现智能制造，有太长的路要走，还有太多的基础工作要做，例如：生产全过程的信息化、标准化、数字化工作。而一个吊挂线，一个自动裁床，一套仓储自动化，不是智能制造实现的标志，更不是一个ERP应用软件所能代表的。"犀牛制造"象征性大于实际应用，对于90%以上企业来说不可复制。

所以，认清自身属性，在品牌上深耕，持之以恒，心无旁骛在产品创新上下功夫；积极参与新材料创新开发，在供应链重构及协同上立异，对于广大中小企业来说才是生存之道。

—2021年4月30日

对于庞大的中国服装产业来说，工业4.0仅仅是一个概念而已，与90%以上的企业无关，现阶段，它们更需要扎扎实实地步入2.0时代，进而打下3.0该有的基础，也许在可期待的时间再谈论4.0。

—2021年9月28日

○ 知识产权

改革开放40年，也是国人服装从单色到时尚提升的40年，这其中服装的仿制也经历了：假冒、仿冒到仿造的过程，但不能回避和隐晦的是服装品牌造假和生产假冒产品对人们穿着进步的推动，这是经济发展初期必然的产物。

随着国外时尚潮牌的进入和兴起，一些企业又开始仿效国外著名时尚品牌的字母、字体及图案，采取只改变其中一个字母、图案颠倒或另加后缀字母等方式，打擦边球、蹭流量，出现了大量假POLO、假TOMMY、假MQ，普通消费者很难辨识；他们完全仿照原国际品牌风格，以低廉的成本、较低的价格冲击正品销售，混淆视听，误导消费。

——2019年6月26日

不想如何踏实地打造自我品牌，总想抄近路、蹭流量，而"傍名牌"的结果一定是让你"从头再来"。

——2020年8月3日

"抄袭、仿冒、假冒"是过去40年绝大多数服装企业产品开发的手段；而在商标上仿冒、蹭热度和傍名牌，更是诸多企业把侵权当作捷径的"妙招"。

当有一天，50%以上的企业懂得遵守知识产权，那才是对创新的尊重，服装产业真正创新才会开始，中国服装的"品牌之路"才会开始搭建。对服装业的"知识产权"法律普及和宣讲，应该引起行业部门的足够重视！

——2020年8月23日

一次迟到的大会，终于在对的时间召开了！

中国服装产业在走过40年粗放型发展道路过程中，仿造、仿冒、假冒国际知名品牌的商标和商品比比皆是；蹭热度、误导消费者、侵犯他人时尚知识产权的行为一直伴随其中……

庚子年，"中国时尚产业知识产权大会"的召开恰逢其时，中国服装产业需要这次警号，当一个产业懂得尊重知识产权的时候，它真正的创新才会开始，从要素驱动转向创新驱动才会起步。

——2020年10月31日

中国服装产业虽经四十余年发展，但产业内对用专利方式保护自己的创新及设计意识淡薄，缺乏对知识产权的认知。抄袭、仿冒、傍名牌、蹭流量等违法行为比比皆是，却被认为是行业正常行为，这些都极大地挫伤和妨碍了企业创新及品牌健康发展之路。

服装行业亟须健全和营造对知识产权的保护氛围，加大侵犯者的违法成本（包括对其经济的打击），只有这样，企业才敢于创新、勇于创新，大量的服装设计师才会放肆自己的创意空间，中国的服装品牌之路才会走得扎实，中国的服装产业才会有强大的根基！

——2021年1月21日

仿冒和山寨产品几十年来如影随形比比皆是，说到底还是教育缺失、打击力度不够、违法成本太低，使得对知识产权的保护不能渗透至公民意识当中。

——2021年4月11日

泛滥的"POLO"透露出的尴尬。

偶尔出差到某市逛一个购物中心，竟然看到四家"POLO"相关服装店，不禁生出莫名的尴尬：

（1）没有丝毫创新的仿冒、傍大牌依旧蓬勃发展。

（2）相关部门政策的模糊，支撑了此类品牌的腰杆。

（3）对服装企业知识产权法律的普及依然任重道远。

（4）对消费者"时尚文化"教育的缺失和解决，在四十年后显得如此尴尬和急迫。

——2021年4月14日

2021年4月25日《中国服装行业知识产权保护白皮书》在北京正式发布，这也是我国服装行业首个知识产权白皮书。中国是世界上最大的服装消费国，同时也是世界上最大的服装生产国。但中国服装行业整体发展很不平衡，各服装企业之间的竞争激烈，服装行业知识产权保护制度也亟待完善。

——2021年4月26日

110年前，法国著名时尚大师保罗·普瓦雷（Paul Poiret）斥责当时美国时尚买手的抄袭仿冒行为是剽窃创意，入侵设计工坊。他创立了"高级定制服装保护委员会"，开创了20世纪时尚业保护知识产权的先河，也是知识产权保护第一人。

服装行业一直是侵犯知识产权重灾区，如果说在产业发展初期，抄袭和仿冒是一个必然过程的话，那么，中国服装产业发展至今，逐渐成为世界服装产业强国的时候，对知识产权的尊重是否应该成为行业共识及企业自觉行为。

营造氛围，惩恶扬善，保护知识产权就是保护创新，更是保护中小企业自我研发创新的意愿，也是产业可持续健康发展的基础。

2022年5月12日中国服装协会有关《中国服装行业知识产权保护自律公约》的发布，无疑吹响了在法律框架下推动行业设计创新的号角，我们很高兴看到有28家企业在第一时间积极响应，但这一数量不及行业企业总数的千分之一。

尊重知识产权应该成为每一位设计师的本能反应，更应该成为当今企业的准则。我们乐见更多的企业和设计师加入自律的行列，更希望看到以此公约为基础，建立一套基于互联平台的监管体系，只有这样才能保证公约落到实处，而不至于停于纸面。

——2022年6月16日

昨天，我在一个行业技术群里转发了《中国服装行业知识产权保护自律公约》的信息，诸多人的反应虽在意料之中，却仍令我惊讶不已。服装产业工人队伍中绝大多数技术人员在知识产权方面依旧是法盲，他们仍然把抄袭当作理所应当，觉得服装与知识产权无关。

这暴露了我们在知识产权教育方面的缺失！从大学教育到社会氛围到企业行为，我们缺乏系统专业的知识产权教育体系，造成了产业从业人员不知法、不懂法、不守法，更不懂得用法律保护自己的创新。

公约已经颁布，如何宣讲推介？如何建立与之配套的系统？如何与中国服装设计师协会已经建立的知识产权保护中心对接，形成行业更有力更专业的监管机制？这些都关系到能否把此次公约落到实处且可持续的关键所在。

——2022年6月17日

近日有网友发文，质疑迪奥发布的一款半身裙疑似抄袭中国的马面裙，一度冲上热搜榜第一，人民网、央视网等也相继发文评论。

然而，当我们冷静分析时却发现，与其说迪奥"抄袭"马面裙对我们产生了冲击，倒不如说是那标注"29000元"的价格给我们带来的刺激，让我们倍感不爽。为什么我们的传统服饰，经过国际品牌之手就变得如此奢侈。

回顾我们几十年的抄袭仿冒，亦步亦趋效仿西方服饰，我们谈知识产权了吗？在服装行业，从老板到设计师，有多少人知道在服装行业也有知识产权的存在？有多少人懂得或了解服装业知识产权规则？如果谈侵犯知识产权，那我们岂不是应该为之前的抄袭仿冒承担更多无法承受的谴责和赔偿？

文化是多元的，文化是世界的，文化应是开放和无私的，放平心态，反躬自省。

我们的设计师，应该在自我文化挖掘中多下一番功夫，多一些执着，多一些创新，多一点创意，多一点自信，进而才能多一点引领，多一份价值。也许，那一天，我们会乐见世界装苑里有更多中国文化DNA的鲜花绽放。

—2022年7月25日

○ 劳动密集型企业走到了拐点

　　随着我国劳动年龄人口逐年减少，土地、资源渐趋稀缺，简单搞"人海战术"、盲目"铺摊子"已变得越来越不现实，经济增长必须从主要依靠要素和资源投入向主要依靠科技进步、劳动者素质提高、管理创新转变，劳动密集型的服装企业今天走到了一个拐点……

—2019年2月17日

　　一直以来，我国制造业的发展得益于劳动力、资金和环境等要素的低成本比较优势，以及广阔的多层次市场需求，导致了我国部分产业的产能过剩、产品质量的参差不齐，以及要素市场的扭曲，这些严重阻碍了我国产业的转型升级和制造业的创新发展。

—2019年2月18日

　　单纯的服装代理商将在5年内消失，上游是工厂到消费者的革命，下游是买手集合店的反攻！两股力量的抗争，是市场和消费者需求带来的系统的变化。

　　服装行业已从商品时代回归产品时代。商品性价比将进入一个极致的时代。消费者不再为过多的溢价买单。

—2019年5月13日

落后，并不可怕！可怕的是：落后得不知不觉，落后得自以为是，落后得充满自负……

服装属于传统行业，但不能以传统的思维惯性去经营现代企业；服装属于时尚产业，只有不断地否定自己并不断创新才可能生存；服装属于网络时代的宠儿，只有以长远的品牌发展理念、强大的产品研发团队及卓越的供应链管理能力，才可能真正融入这个虚拟的世界。

——2019 年 6 月 20 日

《2019 年 1～12 月服装行业经济运营情况简报》数据并没有真实反映中国服装企业生产现状及服装零售真实数据。理由如下：

"简报"数据只统计了规模以上企业的产量、收益及限额以上服装零售额，而占全国服装企业总数 80% 以上的中小微企业并不在统计之列，而他们却是生产的主体，更是遍布全国批发、实体店、线上零售的主体。因此，缺少了这 80% 群体的数据只能做参考而已。

时至今日，中国是世界上互联网最发达的国家之一，特别是移动互联网更是渗透到各个角落。一个产业的统计数据是否真实、详尽，关系到国家经济整体规划，关系到国家对产业的政策制定，更关系到解决全国 80% 以上人口就业问题的中小微企业今后的发展方向……我们已经拥有卓越的互联网技术和大数据体系，为什么不能把我们的统计方法改变一下呢？

几十年来，我们能看到的和公布的都是规上企业数据，那起着市场主力军作用的中小企业数据谁来统计？可以忽略吗？其实，只是换一个思路，改变一下惯性思维而已，就这么简单。

——2020 年 2 月 14 日

○ **传统市场的转型方向** ···

广州中大、十三行、白马及高第街，都是35年前市场初级阶段的产物，一直延续至今的经营方式，惯性思维及落后的模式，其实已经成为广州纺织服装市场落后的标志。

它们只是过去中国服装市场繁荣的象征，而今衰落是必然，只有重整才是出路。

——2020年3月26日

国内市场回暖滞后，服装消费市场尚未完全恢复，服装行业出口、内销和投资依然大幅下滑，盈利面临巨大压力，疫情使得服装供给侧结构性调整至少提前了两年。

习惯困难，也许是大多数服装企业2020年的主题和宿命。

——2020年5月8日

"时尚"需要引领，"智造"需要赋能。站在粤港澳大湾区平台，以不同的角度，立意不同的高度，促进时尚与智造的真正融合，大湾区也许可以站在T台中心。

——2020年6月17日

○ 重新认识自己

回顾，是为了总结；在洞察中看清未来，于冷静时寻找机会。

在2020年，这个充满不确定性的年代里，中国服装人真的需要静下心来：在这浮躁的世界里重新审视自己；在这纷繁的世界里重新认识自己；在这嘈杂的世界里重新找回自己。

——2020年6月22日

做服装只是他们一个低成本创业的切入点，他们压根儿就不是以做品牌为目的，更不要说打造著名或百年品牌！一切逐"利"而动，一切随"利"而行，才是其本性。80%以上的服装人，如同"时尚"这个词义一样，水性杨花，随风摇曳。

——2020年7月15日

○ 中国服装需要"质"的提升 ......

从战略的角度和世界的高度，重新规划和整合中国服装产业优势和发展策略，借力大湾区，并赋予大湾区更高的时尚内涵和产业责任，加快中国服装在网络化、数字化助力下融入世界时尚的脚步，用我们强大的实力和不懈的追求，打造东方最灿烂、世人瞩目的时尚之星。未来的世界T台中心应该也必须在中国！

—2020年7月19日

中国的纺织服装产业集群虽经近40年的发展，但绝大多数仍是低端制造聚集，"缺乏创新、没有设计、没有品牌、缺乏活力"是集群的普遍特点。

如何借助互联网优势，如何借疫情危机变转机？推动企业和职能部门深度思考转型途径，也许能给一点思路。

—2020年8月6日

2019年中国服装产量突破400亿件，相当于为全球每人提供了5件服装，有如此规模，在全球服装企业品牌排行榜中却没有一家中国服装企业，也没有一家企业因为产量巨大登顶"福布斯"，放眼全球主要消费市场，极少看到中国服装品牌。

时至今日，中国的服装产业还需要以这些"量"来取胜吗？还需要以这些"量"来炫耀吗？

制造业应由要素驱动向创新驱动转变，由低成本竞争优势向质量效益竞争优势转变。中国服装需要提"质"，中国品牌需要附加值。建议我们的相关企业：少一些自嗨的"定位"，多一些对"质"提升的追求！

　　　　　　　　　　　　　　　　　　　　　　—2020年9月11日

中服科创研究院的成立，对中国服装产业来说具有里程碑式的意义，它标志着中国服装产业迈上了科技的台阶，将引领并规划产业数智化进程。中国服装产业一个崭新的时代将由此展开。

　　　　　　　　　　　　　　　　　　　　　　—2021年4月15日

瑞士本不生产棉花，却可以凭借瑞士良好棉花发展协会（BCI）的影响在全球范围内推广所谓的"良好棉花"，由此而引发的"新疆棉花"事件，再一次警醒和督促我们：亟须在国际标准化舞台上作出中国人的贡献，制定和推动由中国主导的标准得到国际普遍认可的进程，并以此为依据，主动发起建立相关国际组织，掌握话语权。标准的领先才是产业强大、领先的标志。

　　　　　　　　　　　　　　　　　　　　　　—2021年4月19日

服装行业需凝神聚力深化供给侧结构性改革，加快转型升级，着力增强产业的核心创新能力，提升产业链、供应链的柔性和韧性，进一步巩固复苏向好基础，促进行业全年实现平稳运行。

　　　　　　　　　　　　　　　　　　　　　　—2021年6月9日

《纺织服装周刊》连续12年发布"中国纺织服装行业年度精锐榜"，

以媒体的视角，梳理行业年度发展轨迹，挖掘年度典范和表率单位，
在全行业内推广先进经验。榜单围绕"科技、时尚、绿色"的行业新
定位，依托科技榜样、时尚先锋，彰显责任担当，为疫情之下企稳复
苏的行业传递信心与力量。榜单发布已经结束，但榜样的示范作用才
刚刚由此开始。

　　榜单发布同时，有哪些措施推出与之互动？如何推广他们的成功
经验并影响带动更多的企业进步？如何营造学习的氛围？使"引领榜
样"者真正能引领，这才是值得组织者深思的问题，才是推动每年评
比工作越来越引人注目、越来越专业化、更具可参考性、更具行业权
威性、更具行业影响力的关键。

——2022年7月3日

　　服装产业技术人才的"再教育"，从培训，到培育，到培植，再到
培养，这是一整套完整的"再教育"体系，它的每一步推进都是计划
的达成，每一次进阶，每一次提升，都是为了最终达到培育产业"工
匠"之目的。

　　这应该是服装产业专业培训的初衷，而非简单地就单一课题培训
而培训。在顶层设计上，只有建立完善的产业"再教育"体系，我们
产业的每一次培训计划，都会成为塑造未来工匠的开始。

——2022年7月16日

　　在不确定因素日益增多的形势下，中国纺织业正以它的强大韧性，
展示自身全产业链优势。服装是纺织的终端产品，服装产业的进步在
一定程度上影响着纺织业的发展，而纺织业的科技进步又在不断推动
服装产业的提升。在新消费、新技术、新格局背景下，纺织与服装的
融合程度，决定了中国纺织业涅槃重生的进程。

　　在统一大市场理念和双循环驱动下，企业的创新潜力正在被深度挖掘和激活，一个基于互联网技术优势的"大纺织"，在这个概念提出的36年后，正在一步步走向成熟。

—2022年7月29日

○ 中小企业发展的路径 ··

中小企业作为一个国家经济的"底座",是国民经济的基础,它在推动国民经济增长、辅助大企业发展、增加就业、活跃市场、推动创新等方面具有不可替代的地位和作用。

"专精特新"中小企业联盟的成立,会更精准地扶持特色企业,推动中小企业创新,进而加快产业技术革命步伐。

—2020年10月20日

中国服装经过四十余年粗放型发展之后,正在迎来产业阵痛,这种阵痛体现在:

(1)大量低端产能的加速淘汰。

(2)80%以上企业被逼,在未完成信息化改造的基础上跨越式向网络化转型,所不得不面临的尴尬和无助。

(3)突如其来的疫情,使得原有的生态环境发生巨变。代工生产(OEM)企业开始为自己未开始的品牌之路买单;外贸企业不得不面对一个熟悉且陌生的市场而转变经营模式。

(4)"双循环"正在为产业营造新的机遇和挑战。而《区域全面经济伙伴关系协定》(RCEP)的签署,给中国服装产业带来了发挥产业链优势的机会,带来了重整产业质素的机遇。同时,5G的加持更可以让中国服装产业为亚太地区编织华彩霓裳。

——2020年11月16日

新冠肺炎疫情的封锁措施和随时随地的居家办公模式，加速了5G、视频、虚拟化和云技术等方面的繁荣与普及，促进了企业经营模式及管理架构的调整。

广大服装中小企业应尽快调整自己，以适应疫情日渐常态化的管理措施下，企业生产及市场需求的变化。

——2021年1月22日

从欠债工厂到1400亿元针织王国，申洲国际凭借长期专注并深耕针织服装产业链，成为中国乃至全球规模最大的纵向一体化针织服装制造商和销售商之一，创造了中国服装业的神话。中国服装制造业，需要太多的专注、深耕，需要更多的"申洲""即发"来重塑产业形象！

——2021年1月26日

2020年开始的疫情，对服装产业整体发展来说好处多于坏处。好处之一，中国服装产业链在经历了四十余年增长之后，需要这么一次迫不得已的淘汰、重整；好处之二，暴露了传统产业信息化的滞后，加快了企业数字化步伐，使得中国服装产业数字化、网络化进程向前急推了3~5年；好处之三，加快了外贸企业的转型，使之成为内需市场的主力。坏处之一，因疫情造成中国纺织服装出口（不含防疫服）大幅下降，大批加工企业亏损甚至倒闭。

——2021年3月11日

2021年4月15日，中国向东盟秘书长正式交存《区域全面经济伙伴关系协定》（RCEP）核准书。这标志着中国正式完成RCEP核准程序。

服装企业，特别是出口加工型企业应未雨绸缪，在业务方向、生产方式、供应链整合上提早谋划，把可能带来的不利，转化为企业升级的动力。

—2021年4月19日

服装行业中小企业的数量在行业中具有绝对的主体地位，是扩大就业、改善民生、促进创业创新、保持创造活力和发展韧性的重要力量。如何引导这批企业在转型中找准自身位置？各地如何服务于中小企业，打通大中小企业融通发展的路径，为行业带来创新活力和发展动力？

2020年10月17日中国纺织行业"专精特新"中小企业联盟成立，在这方面做出了很好的示范和努力。希望各产业集群地能够积极引导中小企业向"专精特新"发展，以适应和服务于市场需求，建立可持续的产业生态。

—2021年6月10日

大量的中小服装企业因其规模小、信用程度相对较低一直面临着融资难、融资贵的问题，严重制约了企业发展、产业升级。如何借助网络优势，发挥产业云平台作用，切实让金融服务于广大中小企业所需，是推动产业升级、要素转变的关键。

—2021年7月6日

我国是全球最大的服装生产国和出口国，产业的升级和持续发展有赖于品牌建设。而建立由中国主导的品牌评价体系及评价机构，是推动中国品牌走向世界，扩大国际影响力，融入世界消费市场的前提。

—2021年7月7日

加强时尚产业软实力建设，是推动行业高质量发展的必由之路；是提升中国时尚产业国际地位的前提；是中国服装品牌大步迈入国际消费市场的助推器。

—2021年7月9日

疫情影响下的思索，来自企业对未来模式的思考，对网络营销平台的矛盾心态，对自身供应链重构的决心，对私域流量的信心，对不可抗力接受的耐力。百年未有之局面，锤炼的是一个充满自信的国家，更培育的是这个时代所需的优质企业。

—2022年5月9日

○ 转型是必选项 ·····

　　服装业，既是传统产业又是时尚产业。说其传统，中国服装业有千年文化；说其时尚，它又时刻伴随着经济的发展和人们生活水平的提高，以可见的形态刻录着时代的痕迹，叙述着每个人的成长历程，承载着对未来的向往。

——2021年7月29日

　　这几日与朋友谈论武汉服装，感触颇多：20世纪90年代初，汉口的大夹街、扬子街、汉正街一派繁荣，依托畅通的商贸交易渠道，最早一批汉派服装品牌，如太和、中英、雅琪、元田、红人等迅速长大，名噪一时，以这些品牌为代表的汉派女装一直到21世纪初，仍能与海派、粤派、浙派平起平坐。而如今，"昔人已乘黄鹤去，此处空余黄鹤楼"。

　　武汉的服装产业发展，如同这个城市，有过辉煌且值得称道的过去，而在令人炫目的今天，武汉服装又该如何不再纠结，如何定位自己，如何发挥自身的区位优势，进而在互联互通的数字世界里找到自己的转型路径，发现产业可持续的希望？

——2021年10月16日

柯桥市场历经36年发展具有相当规模和供应链地位。在如此优势下，结合当下产业发展需求和国家战略目标，柯桥是否应该充分利用自身的供应商优势，在纺织新材料、新工艺、新创意等方面加大支持力度，深耕材料科技，引领纺织前瞻。真正打造柯桥优质面料集体品牌，树立柯桥纺织行业"新名片"。为"国内领先、国际一流"的纺织品区域公共品牌树立可持续的愿景。切忌"一大就贪全"。"大而强，小而精"应成为产业基地发展和企业进步的方向。

——2022年1月13日

读《洞见服装行业七大风向》文章有感。风向？引导？可复制？

在网络世界，一个标题会引来不可想象的趋同。我们见过太多的盲目追风，看过太多的抄袭复制，体验过太多的为争夺可能的蓝海而恶性竞争……

在这个产业虽经超过四十年的飞速发展但依然很不成熟的阶段，趋利跟风成为一种生态的时候，与我们原本对这个产业升级的诉求和愿景相悖且还虚无渺茫的时候，我想，还是少一点产品风向引导为好。

中国有庞大的消费市场，需求万千，有百花齐放的基础。我们还是需要多一些产业创新的引导，多一些知识产权保护行业规则落实，多一些专精特新企业宣传，多一些行业行为规范制定，诸如此类，都应会对产业早一点实现升级、提质具有推动作用。

——2022年2月28日

进入2022年，持续两年的疫情与地缘政治的不确定性影响叠加，正在深刻制约着产业恢复进程及消费信心的提升。同时，国际市场大宗商品价格持续走高且充满变数，全球供应链重塑在迷茫中不知所措。中国纺织服装出口在未来的8个月当中，可能会面临更多的不确定，企业在外贸与内需之间会直面更多的"举棋不定"。

——2022年4月21日

2021年美国全国零售消费额为7.41万亿美元，而中国只有6.83万亿美元；相对应地，美国人口是3.3亿，中国人口是14.1亿。中国人口是美国人口4.3倍的情况下，消费额少了0.58万亿美元。

中国内需市场潜力巨大，而国内许多企业宁可不远万里跑到国外做生意，也不愿在开发国内市场上下功夫，原因是多方面的，包括：

（1）缺乏监管的企业间恶性竞争。

（2）国内市场内卷严重。

（3）企业在各类不确定因素困扰下，不愿在产品设计研发上投入。

（4）维持传统企业生存仍需大额订单支撑。

（5）因外贸而生的企业，其惯性思维难以转变。

（6）无法接受企业数字化转型的投入和风险，只能转向国外市场。

所以，如何营造和谐公平的营商环境？如何解决中小企业眼下最急迫的关注？如何通过政策引导企业在研发创新上舍得投入？如何打造清朗的网络空间？是决定企业能否转型成功，"内循环"能否循环起来的关键。

——2022年6月9日

○ 服装产业聚集地未来的焦虑

河北服装产业起步较早，但一直在低端加工业徘徊。创品牌之路尚有太长的坎坷和曲折，需要对症下药方可有收效；简单地学习、模仿、照搬只会增加企业负担，打击其信心。各地有关激励政策要落到实处，如何互联互动？如何营造大环境？政府如何服务？需要相关部门下一番功夫。

——2018年11月1日

我国很多产业的基础比较落后，不要说工业4.0，可能2.0都达不到，作为服装生产大省的河北只能用一个"更"字概括。2015年提出"两化融合"时至今日，河北服装95%以上的企业还与之无关！5G时代将带来第四次工业革命！你们还要等吗？

——2019年4月17日

从一系列数据的对比可以看出产业落后的根源，才知道应该向人家学习什么，自己该做什么！做强加工也好，以定制推动转型也好，或以设计推动转型等，如果企业自身体制不转变，经营者固有的短视行为不去除，不引进专业的高层次管理人员，一切都只是幻想！再好的评比，再热闹的参展，再多的对接会都会"竹篮打水。"

——2019年4月17日

○ 产业集群企业未来发展的要素 ···

以每个人都能负担得起的价格，为消费者提供高品质、兼具高功能性与时尚设计的日常生活必需品，是当今品牌的追求。

对于身处产业集群的服装企业来说，应加快经营理念的转变，以开放的姿态，长远的眼光加大产品研发及品牌建设的投入，发挥已有的制造优势，多企联盟合作，打造具有地方产业特色的"价廉质优"品牌！

—2019年4月20日

期盼在全球新一轮科技与产业革命中，相关部门能积极引导服装企业抓住"信息技术"这个最大的变量，推动产业进行"数字化、网络化和智能化"的转型升级，才不至于被即将到来的新工业革命远远地甩在身后。以互联网、物联网、大数据、云计算、人工智能等技术手段为底层支撑，依托行业协会，以产学研商为发展纽带，以市场为导向进行构建，这，才是筹划产业未来发展的思路！

—2019年4月27日

推进"两化融合"，通过"互联网+"探索服务新模式、培育发展新业态。依托重点龙头企业，推动互联网与服装制造业融合，以提升传统产业数字化、网络化水平。

—2019年5月6日

产业集群地在转型过程中，可以建立单品类服装生产企业联盟，以1～2个大中企业为核心，发挥综合加工能力、高质量及低价格优势，依靠专业设计公司及品牌服务机构，打造线上优质优价服装品牌。

——2019年5月8日

在推进"两化融合"过程中，基于绝大多数企业主的落后思维及观望态度，相关部门可以尝试"以点带面"，发挥示范作用，加快企业信息化改造。

——2019年5月9日

高效的供应链、超短前导时间，是实现"多品类、小批量、快翻单"的基础。有效掌握和控管每一个环节，以最短的时间，做出符合客户需求的模式，值得定制服装企业学习、借鉴。

——2019年5月10日

"没有产品设计团队，缺乏品牌意识"是绝大多数服装企业的现状，成为制约其转型升级的瓶颈。互联网的飞速发展和应用，特别是5 G的出现，为突破以上瓶颈提供了多种解决方案和可能。

——2019年5月17日

随着消费市场升级，信息化的深入，本就落后的北方服装产业，在未来五年预计将会有40%的企业退出市场，20%得以转型升级，30%的企业被大中企业兼并或成为附属，10%的企业在互联网时代找到自己的目标得以发展壮大。

——2019年5月20日

○ 改变，还有很多机遇 ···

　　河北是服装制造大省，却没有几个在全国值得称道的品牌；河北有七所大学设有服装设计专业，而这些学生毕业后又少有留在河北服务于企业。究其原因：企业经营者落后的思维意识，落后的企业架构体制以及落后的大环境，导致以上结果。改变以上现状，现在有很多机遇、机会。

——2019年5月23日

　　互联网在中国的飞速发展，已经改变了人们的交流方式和生活方式，而这种改变会随着5G的应用更加广泛和深入。河北服装企业应该学会用互联网的思维解决和处理所面临的问题。

——2019年5月23日

　　4月，河南大学生时装周，5月，天津时装周，9月，北京时装周。而一个拥有几千家服装企业，七所服装院校的省份，却在各地时尚盛宴中悄无声息，说得确切些是：不知如何做？不知怎么办？不知谁来办？不知谁能办？这，就是河北！

　　河北，时尚下的阴影，怀抱北京这么一个时尚弄潮儿，显得跳出局外，习惯"独善"其身。

其实河北从来不缺机遇，缺的是敢于打破"小农经济思维"的模式；缺的是改变"落后且自负"的勇气；缺的是真正敞开心胸接受开放的心态；缺的是真正认知自我评价自我的胸怀；更缺的是敢于创新、担当的勇气！

—— 2019 年 5 月 26 日

时代在变，固守的传统模式不变，"死"是早晚的事。而模式改变的前提是：思维要变，要敢于打破固有的认知，只有越早看到这点，才有可能站在越有利的位置。不至于等到危机来临之时不知所措！

—— 2019 年 5 月 28 日

人才与企业的关系大家都懂，但一到具体自身老板们就不知或不懂该如何处理，造成了一方面渴望人才，一方面又留不住人才的尴尬境地。又到一年毕业季，大批服装院校学生将走出校门，服装企业经营者应抛弃传统思维，打破家族理念，以宽阔的胸怀抓住机会引进人才，为企业的未来打下基础。

—— 2019 年 5 月 29 日

收购、并购似乎成为服装企业扩展领域市场的必备通道，也是为服装企业注入新元素的最快速方式。未来三年，30% 的河北服装企业将被 10% 拥有品牌的企业收购或兼并。

—— 2019 年 7 月 10 日

时尚与否，取决于文化的内涵、消费的取舍、观察的角度、行业的认同。对于大多数河北服装企业来说，需要"刮骨疗伤"的勇气，直面不足，改变自身落后的体制，以开放的胸怀、长远的眼光、吸纳人才，加快"两化融合"，如此，才可以发挥自身加工优势，在多彩的互联网世界找到自己的出口，触摸时尚的脉搏。

——2019年7月23日

对某地部门计划评选"十大品牌"的疑惑：

（1）此类评比活动如果放在10年前还可以，因为那时消费者与企业间信息不对称，消费者对品牌对产品的认知来源于电视、报纸、广播，企业可以通过以上手段引导消费。

（2）在互联网高度普及应用的今天，"十大品牌"评比早已在消费者的指间、在各类自媒体网络及购物平台终端，政府部门或协会组织的评比对消费需求或企业生产有任何引导作用吗？

（3）政府部门或协会的更多职能是"服务和引导"，基于此定位，好比一场比赛，企业是运动员，政府部门或协会是提供服务的组织，那么，这场比赛的冠亚军是服务组织评比出来的吗？

（4）早在15年前行政部门对企业就没有了管理职能，既然如此，还以传统的意识和思维面对现在的市场行为和这个互联网时代，那结果只会是：你的牌匾没有任何消费者的认同，误导了企业并浪费公共资源。

——2019年8月5日

希望各地工业设计中心在日常业务开展中，要结合本地产业特色，推出一些可被市场接受且可落地生产的产品，使其能够融入当地产业，真正在当地经济活动中发挥作用。实现以设计推动产业进步，促进消费升级，以工业设计提高产品附加值、成为当地提高经济实现高质量发展的利器。

——2020年3月5日

中国纺织行业"专精特新"中小企业名单发布，95家企业名列其中，而偌大的河北只有一家企业上榜。石家庄，这个曾经的全国重要纺织基地之一，几十年过去，落魄到如今状况，是偶然还是必然？

　　　　　　　　　　　　　　　　　　　　　　—2020年6月17日

借助数字化时代红利，以鲜明的中国文化符号融合创新的产品设计，吸引并带动境外B2B（B2C）交易，促进生产模式升级，推动河北服装产业转型升级，以适应更广大的"内循环"市场需求。

　　　　　　　　　　　　　　　　　　　　　　—2020年8月31日

○ 河北服装产业升级的路径

两天的容城考察之行，让我心情非常沉重⋯⋯

曾经的"北方服装名城"，在经历四十余年的发展之后，居然被赶出这片成就它的土地，有人说，这是政策使然。我听后却不敢苟同。

假如在四十余年的发展中，你们走出了一条中国服装产业的品牌之路；或者你们把单品类做到了极致；或者你们打造出了最强的服装制造业品牌；或者你们用四十年前的胆识走在了中国服装业智能制造的前列；再或者你们在互联网的十年打造了"无网不通"的产业，也许，你们今天会留在雄安，并陪伴它走向百年后的仰望⋯⋯

—2020年12月1日

河北服装产业发展的再思考之京津冀协同。

党的十九届五中全会提出"构建以国内大循环为主体、国内国际双循环相互促进的新发展格局"。新形势下，京津冀服装产业又该如何协同，以内循环为抓手，优势共享，共谋发展？

作为服装大省的河北，应该抓住关于"京津冀一体化"战略机遇，并以此为抓手，搭建共享平台，积极促进三地产业协同、协调、协作，分享京津人才及渠道资源，服务于企业，助力河北服装品牌走出去，让产业真正享受政策红利，进而推动产业升级。

—2021年7月9日

河北服装产业发展的再思考之产业集群地升级。

河北各服装产业集群地，普遍存在小微企业占绝对数量下，对供应链之间及各种资源的无序竞争和占有，也是造成商品同质化、低端化严重的根源，"小、散、乱、低"一直是产业集群地企业的显著特点。

发挥龙头企业的资源、管理及技术优势，合理引导大中型企业兼并小微企业，或与之成立联管体，将优质资源向核心企业转移，是解决河北服装企业"小而散、大而不强"的现状，优化产业生态，促使县域企业走上正轨，依靠品质和创新做专做强，使之具备核心竞争力的关键所在。

—2021年7月16日

从日前公布的"2020年服装行业百强企业排行"到"专精特新中小企业名单"，我们从中很难看到河北企业的身影。河北有近万家纺织服装中小企业，却在任何全国性行业排名或评审推荐中"销声匿迹"，问题在哪里？一些结构性的问题不解决，河北纺织服装产业的转型升级只能停留在字面上。

—2021年9月14日

河北服装产业集群地应加快产业调整，有目的、有方向地引导大中型企业基于网络技术兼并小微企业或建立横向专业联盟，以便发挥大中企业资源及管理优势，在单品类上做专做强，打造河北的服装制造品牌。

—2021年9月24日

○ 京津冀一体化

　　京津冀一体化，关键是京津冀三地如何协同？如何推进产业升级转移，推动公共服务共建共享，加快市场一体化进程，努力形成京津冀目标同向、措施一体、优势互补、互利共赢的协同发展新格局，是面向未来打造新型首都经济圈、实现国家发展战略的需要。京津冀协同发展是当前中国三大国家战略之一，拥有国家政策的大力支持，发展前景光明。

——2018年3月26日

　　对于河北服装产业来说如何以"京津冀一体化"为抓手，积极促成三地协同发展，优势互补，引导企业"走出去、创出来"，推进服装产业集群地的转型升级，实现由要素型发展向创新型发展的转变，这不仅是媒体的关注，更是河北服装产业未来的期冀所在。

　　打造京津冀服装产业协同、创新、产业链以及资源互动、有机连接而形成的区域创新生态系统，是京津冀规划赋予的区域使命。

——2021年6月19日

　　京津冀真正的协同，首先需要打破地域界限、体制束缚，抛弃固有的偏见，从全局的角度出发，从三地产业整体发展的急需出发，从服务及满足大循环内需出发，充分发挥京津冀空间协同发展规划的综合协调平台作用，开展专项规划对接，加强重大空间布局问题的协商沟通。充分利用区域内智力资源密集的优势，以创新的思维方式思考未来，京津冀产业的一体化才可能推进。

——2021年7月10日

○ **日常随笔**

今天是 2019 年第一个工作日，新的征程已拉开序幕。那些尚未实现的梦想，那些还没到达的远方，都在等待我们的起步。生命的精彩来源于每一日的书写。让我们一起出发吧!

——2019 年 1 月 2 日

"微信"出生至今已八年、2920 天了，它深深地改变了国人的交流方式、生活方式;影响了人与人之间的情感、家庭的和睦、团队的力量、企业的精神、品牌的形象。"微信"已不只是微信。

——2019 年 1 月 10 日

每一次疫情的发生，都会在一段时间内持续影响商业经济和民众生活，但重创之后的反弹，都是适应新需求、新变革的起点。首先，疫情将促使行业对企业运营能力升级、管理水平提出更高要求和标准，而"老弱病残的小企业"则很难实现这一升级转变。其次，对于首当其冲的餐饮等相关行业，疫情又一次用生死教育了大众:野生动物、不可追溯、没有安全标准的食材有巨大安全隐患，"食材安全、公共卫生"必然成为下一轮竞争焦点，供应链打造也再次摆在零售行业面前。

——2020 年 2 月 2 日

【特殊】

今天是个特殊的日子，

特殊吗?

其实我早已习惯了特殊。

中华民族本就是特殊，

他的千年文化，

他的传承自信，

他的幅员辽阔，

他，原本特殊!

中华民族本就是特殊，

一个多灾多难的民族，

一个越挫越勇的民族，

一个每次顽强抗争最终更加强大的民族，

他，就是特殊!

中华民族本就是特殊，

面对灾难，

他们万众一心，

他们用智慧续写一个又一个奇迹，

他，本应特殊!

中华民族本就是特殊，

面对疫情，

一个民族在显示他的凝聚力，

一个国家在显示他强大的号召力，

他，注定特殊！

中华民族本就是特殊，

面对未来，

一个民族在传递给世界希望，

一个国家在展现自己的担当，

他，应该特殊！

我，习惯了特殊，

因为我庆幸可以生活在这个时代；

我，习惯了特殊，

因为这个国家可以让我充满期待！

——2020年2月2日

人们期盼拐点，也惧怕拐点。期盼危机收缩的迹象，惧怕最好的时候已经过去。但是黑天鹅事件的频繁发生暗示着颠簸才是常态。在受困于危机迷雾时，不应忘记寻找真正的出路。

——2020年2月4日

疫情带来的影响绝不仅仅是零售商业市场的冲击，更是普罗大众生活方式的改变甚至再造，这些变化都指向同一个靶心——消费心理和行为。长达一两个月的"禁足"时期，让民众有足够的时间静下心来思考生活的本质是什么，该追求什么？

——2020年3月13日

今早醒来打开手机，又是一年"415"，不禁感叹：时光荏苒，岁月如梭。

五十余载还如历历在目，唤来对酒当歌。

儿时懵懂少年，

知道了雷锋，晓得了自己是共产主义接班人，

十年，虽未学多少，但仍立志改天换地。

18岁，不情愿走进服装课堂，

没曾想这一堂课竟被上了三十九年，

风风雨雨，可谓"可歌可泣"。

也曾无数次站在领奖台上，

也曾失眠于企业决策方案上，

也曾玩笑于商海人际间。

跌跌撞撞，陪伴中国服装走了近四十年，

看尽了服装业跌宕起伏，

习惯了时尚风雨无期。

疫情期间，得以静下心来整理自己，

几篇散碎文字也算给自己一些安慰，

环顾四周，发现自己的圈子还是那么小。

在服装圈侵蚀太久不能自拔，

只能不断吸食新鲜，以求继续，

也许下一个生日可以给自己一个欣慰。

愿：四方熙攘化清风朗月，四方梦想皆如愿以偿。

——2020 年 4 月 15 日

你的高度，决定了你的视野；

你的视野，决定了你的心胸；

你的心胸，决定了你的思维；

你的思维，决定了你的判断；

你的判断，决定了你的行为；

你的行为，决定了你的明天。

——2020 年 7 月 19 日

疲惫的结束，2020 年，走过了不同的路，留下了难以忘怀的"风景"。它告诉我们人有多脆弱，教会我们什么是坚强，让我们重新认知自己，知道了重构对未来的意义，也许，2021 年才是你我未来的开始。

——2021 年 1 月 4 日

当手机绑架了生活，阅读，变得如此刻意和难得。人们不得不费尽心机营造读书的氛围，臆想着自己沉醉的场景。网络让我们提前消费了认知，开始用奢侈消费幻想。

——2021 年 1 月 20 日

居高临下，才能"高瞻"，至于能否"远瞩"，那一定是基于你的知识积累、对事物的认知及卓越的判断。知识会成为认知的工具，认知会成为判断的标准。当"居高"不再"临下"，也许你的眼界刚开始"高瞻"。

——2021 年 11 月 27 日

2021年关键词："突破"。一切都在重构之中，认知重构，价值重构，思维重构，模式重构。一切都在重启之中，品牌重启，架构重启，流程重启，渠道重启。

——2021年12月23日

新年伊始，疫情再度泛起，活动被暂停，秩序被打乱，人们谨小慎微。希望总在召唤，而崎岖总在延展，期盼这崎岖之路尽头那一线阳光终可以普照众生。

——2022年1月13日

眼界会有局限，但要包容你所见的世界。

——2022年1月16日

从无知到善良，成长之路有多长，付出了坎坷跌宕，收获了如愿以偿；

从陌生到娴熟，产业之路有多长，倾注了半生执着，换来了如数家常；

从激情到平常，修心之路有多长，历尽了喜怒哀乐，得到了襟怀坦荡；

从青春到夕阳，人生之路有多长，远去了风华正茂，迎来了两鬓风霜。

转瞬时光，思来漫长，峥嵘岁月，无愧时光，举杯弹冠，一如既往。

又虚度一岁，愿来日方长。

——2022年4月15日

不要被那些"首富或人生赢家"的人生建议所误导，因为：个体不同，教育背景、生活环境不同，家庭教育不同，人生阅历更不同。你与他的人生轨迹可能都没有1%的交集，他的人生感悟不是你能体会的，他的建议只会误导你，对你的现实没有任何指导意义。

如今，我们被各类信息包围，极易被误导并冲动。急功近利，行为短视，都是现代人真实的写照。做人：踏实、努力、坚持、真诚，是放之四海而皆准的方法，也是最难做到的。

所以，做自己，学会修正自己，学会正确评价自己，不要人云亦云，做人生指南。学会独立思考最重要，才最有价值。

——2022年4月19日

美无定型，更无定性。

不同民族，不同信仰，不同时期，不同角度，不同心态，不同修养，不同目的，对美的认同、观察自然不同。美与丑本无标准，一切都是相对而言。

——2022年6月28日

又是一年毕业季，又一批服装院校学生走出校门，他们必将给服装行业注入青春与活力，激情与热血，知识与动力。在此，寄语未来的青年设计师：

（1）静心。"社会很单纯，复杂的是人"，当你走向社会，步入企业，会与各色人等相处，一定学会"静心"对待，以温和的语言表达诉求，以宽容的心态面对纷争。

（2）虚心。企业是个大课堂，这里有许多书本上学不到的东西。"虚心"示人，你会遇到事业上的伯乐。

（3）耐心。年轻人充满激情，但耐心不足。进入企业，你的设计师成长之路一定会步履艰难，"耐心"是你得以成长和积累的关键。

（4）匠心。技术需要积累，时间需要沉淀。专注、执着、深耕、心无旁骛，你的"匠心"最终会成就一代工匠。

——2022年7月26日

第二章

服装产业思考

○ 2020 年，中国服装企业关键技术点趋势预测 ································

（1）基于5G技术打造的产业云平台，成为降低企业采购、人力及产品成本的必由之路，全面信息化、专业化、精细化、大协作、数字化将成为驱动服装产业快速进步，供应链协同，弯道超车的新引擎。

（2）5G带来的万物互联，给服装品牌的创意及个性延展服务提供了创意空间。

（3）智能芯片开始应用于服装，使得每件服装成为记录个人生活状况的载体和互联端口，功能性成为服装细分品类的优势。

（4）以AI加持的"数字化"理念，营造全新的消费体验场景，服装实体店迎来第三次升级，以适应新消费需求。

（5）"大数据"成为企业的发展支撑，将引领服装个性化定制走向及产品创意。

（6）基于全面信息化及互联网消费需求的转变，服装企业开始向用户直连制造（C2M）模式转型。

（7）"互联、数据、流量、标准、创意、体验"将成为衡量传统与现代服装企业和品牌新的标准。

（8）柔性生产、快速反应，将助力企业减轻库存压力及品牌创造鲜明个性。

（9）IP的打造及创意能力将成为品牌企业持续发展的关键。

（10）对新媒体传播方式的掌控，决定了企业成长的周期。

—2020年2月19日

○ 疫情下，给中小服装企业的七点建议

疫情当前，中小型服装企业经营者可以利用当下时间静下心来，对企业未来做一次战略思考，有几点建议供参考：

（1）此次疫情再次显示了互联网企业优势，我们的服装企业必须认识到企业全面信息化进程是未来发展的前提，更是企业减负的基础。应充分利用这段时间，对企业自身的组织架构和流程做一次再造思考。

（2）加快企业互联网平台及系统建设，充分利用中国网络技术和优势，建立较为完善的互联网全业务平台。

（3）疫情结束还需时日，况且即便结束还会有滞后效应，受此拖累2020年秋冬季货品生产及订货计划恐难落实，企业应及早制定短中期（6～12个月）应对方案。

（4）对原有的加工或批发零售业务做一次梳理，只保留具有核心竞争力的产品或业务，这是企业健康发展的必须。

（5）充分利用这段时间，始终保持与上游供应链各环节供应商的沟通，以掌握各地各区域市场变化，调整经营模式及时应对。

（6）对已有的客户做一次细致梳理和分析，做一次筛检，同时基于自身资金状况，制定不同的针对客户服务及优惠政策，是所谓"有福共享，有难同当"，体现共渡难关共谋发展之理念。

（7）为应对疫情对经济的冲击，各地都在推出积极的扶持或减免

政策，我们的中小企业一定要加强与当地政府职能部门的沟通，借助和利用好这些政策，切不可因自己而"被遗忘"。

—2020年2月20日

○ 服装企业如何应对 2020 年

2020年注定是不平凡的一年，由于绝大多数服装企业采取"订单制"生产及供货方式，此次疫情给服装行业带来的直接冲击和滞后效应会在未来10个月中显现。如何积极应对并以此为契机解决企业自身深层次的问题，才是每一个企业家关注的重点，提几点建议供大家参考：

（1）加快流程再造，使企业信息化改造真正发挥作用，实现全业务全流程信息化管理，是传统企业融入互联网的前提，更是企业未来进步的基础。

（2）加大员工整体素质培训的投入，特别是对电子商务人才的吸纳培养，以适应不断升级的互联网环境需求。

（3）加大企业数字化基础设施的投入，为未来的发展留出接口。

（4）对供应链的整合与互联能力，是决定企业从容应对市场变化的前提。

（5）放弃对"大而全"品类的诉求，在细分品类上下功夫，更容易发挥中国特色的企业优势，做精并不断提高产品标准化程度，也是加工型企业生存的基础。

（6）以柔性生产创造鲜明的品牌个性，适应需求获得消费认同。

（7）在行业分类日益细化、专业化的今天，企业应放弃"大而全"

的组织架构要求，采用更积极互信的横向互联，以最少的投入和风险获取最大的合作收益。

（8）"不确定性"将成为2020年至今后所有事项的主题总结，传统服装企业应加快自身体制改造，摒弃惯性思维，构建现代时尚产业机制，是企业应对一切不确定因素及存续的前提。

（9）积极参与和尝试5G带来的全新理念，大胆采用有互联功能的面辅料，以互联网消费思维重新审视品牌定位及理念，加快线上布局，提升整体运营能力。

（10）加快传统营销体系的转型，以社交电商引导销售渠道的转变，促进线上与线下的高度融合。

（11）以"环保及可持续发展"为理念，采用新材料、新技术、新工艺，以创新创意引领品牌持续健康发展。

中国在经历了四十年的迅猛发展之后，迎来了"百年未有之大变局"，那种轻松赚钱的时代已经结束，服装人真的需要静下心来思考，特别是我们的中小企业经营者。

以前进入服装的门槛很低，现在也很低，而这种低却有着质的不同，它是建立在发达的互联世界，数字化的构成之中。如果仍以那种落后的自负及惯性思维来面对这个五彩世界，那你真的要习惯困难。

——2020年2月23日

○ 疫情下，商业零售的思考

2020年1月22日我曾在微信朋友圈写了两个预测，其中之一：中国零售业（线下）的寒冬可能刚刚开始。目前疫情形势的发展印证了这一预测，展开简述以供参考。

截至2019年底，国内已开业的购物中心超过4000家（未包含传统百货业态），由于受电商冲击、商业项目过剩等综合因素影响，中国的实体零售已经从2019年开始大幅下滑，年底出现的疫情和从2020年1月24日全国开始的一级响应，不期而遇的黑天鹅给本已脆弱的实体零售业当头一击，传统百货业态更是苦不堪言。根据目前疫情分布及数据分析，同时考虑品牌供应商因素，实体零售如果想恢复元气，恐怕至少要等到5月底（不包括武汉）。

如何应对，想必大家都已思虑许久，在此只讲两个观点：

一方面，此次疫情期间，火热的互联网企业线上销售令人艳羡，而与之形成鲜明对比的线下零售业却直面冲击，在大灾面前显得如此束手无策，无能为力，关张歇业，集体沦陷，这也暴露了中国商业线下零售形式和渠道的单一及落后。

另一方面，互联网的触角已经触及城乡各个角落，中国有最安全的线上支付系统，又有最发达的物流体系，物理空间早已不再是消费终端，特别是传统百货业态。目前很多商家虽已推出自己的APP或小程序，但只限于服务功能，没有实现真正意义的线上与线下打通及互动。中国商业渠道的线上空间潜力巨大，一片蓝海。

5G时代已经到来，未来已来，商业零售经营者应充分利用5G、AR/VR技术，大胆尝试与创新，发挥商业已经拥有的海量供应商资源和区位优势，创立独具特色的线上与线下真正融合的B2C平台，这是趋势更是未来。

大灾之后一定大变，也必将倒逼企业转型升级，迎来互联网企业几何级增长，同时迎来线上营销方式的升级。中国的零售业（线下）只有抛弃传统的经营思维，改变几十年不变的商业模式，早布局早受益，才可能从容应对下一只黑天鹅。

——2020年2月21日

○ 2020 年中国服装企业面临的八大问题 ....

（1）原有的供应链体系将发生巨大变化，优质原材料将越来越多地被大型企业集团掌控，供给侧与需求侧的界限逐渐模糊。

（2）由于90%以上服装企业没有跟上信息化脚步，导致企业人力、采购、库存成本持续增加，传统的生产及管理模式在2020年会使更多的企业步履艰难。

（3）电商平台经过11年的发展，正在经历一次转型升级，传统的线上运营模式难以为继，服装企业面临电子商务人才匮乏的窘境。

（4）社交电商的快速增长，在极大拓宽了销售渠道同时，也加快了企业由于传统认知惯性导致偏差，使得一些企业自我消亡。

（5）快速升级的外部环境、信息化程度的不断提高、不断引进的自动化设备与内部员工素质整体偏低之间的矛盾，会成为传统服装企业实现真正升级的羁绊。

（6）能否由传统思维模式向互联网思维转变是企业得以生存的关键，包括：新商业模式摸索、互联网下的品牌再营造、5G下的运营模式、数字化网络体系建设等。

（7）被并购，或许会成为2020年众多企业不得不面临的选择。

（8）企业的信息数字化程度制约了企业应对外部不确定因素的能力。

—2020年2月22日

○ 服装加工型企业的品牌塑造与制造升级

　　中国服装企业形成规模大致分为三个阶段：第一阶段是 20 世纪 70 ~ 80 年代，由于外贸的需求出现了一批专给外贸加工的企业，占现有企业总数的 30%；第二阶段是 80 ~ 90 年代，在东南沿海地区出现了第一批做服装品牌的企业，集中在江、浙、闽、粤等地；同时，催生了一大批专为批发市场生产服装的企业，占现有企业数量 40%；第三阶段是近二十年，有 30% 左右的企业是在此期间出现的。

　　由此可以看出中国有超过 60% 的服装企业属于加工型和没有自主开发能力的企业。

　　而随着人口红利消失，消费升级加快，中美贸易战等因素影响，原来靠外贸订单加工、靠抄板生产批发市场产品的企业越来越感到难以生存。加工型企业如何转型？如何升级？如何在互联网世界得以生存？成为诸多企业的忧虑，就此谈一些个人的思考：

1. 无企业不品牌

　　品牌，是企业文化、产品和价值的载体；是驱动和满足消费需求或客户产生购买欲望的载体。加工型企业同样需要品牌的加持。

　　加工型企业升级关键在于改变传统经营思维及管理模式，放弃对

ﯸﯸ

大而全品类的追求，发扬工匠精神在单一细分品类上下足工夫，同时，加快"两化融合"步伐，以信息化推动生产过程及产品标准化；加快自身互联网体系建设，以适应飞速变化的市场需求，打造互联、高效、单品类、高品质的加工品牌。

2. 无品牌不利润

2019年中国服装出口平均单件加工费不足30元，单纯依靠外贸订单或来样加工就可以轻松赚钱的日子已经过去了，未来，没有品牌的加工企业只能生存在供应链的低端，将无以为继。打造"加工品牌"成为中国60%以上服装企业的唯一选择。因为只有品牌的附加值才会给我们带来加工利润。

3. 无品牌不长久

随着互联网的飞速发展，人们在做任何事情之前习惯了靠"搜索"来获取企业口碑信息，口碑即品牌。试想，以后没有品牌的企业如何谈发展、谈未来？

2017年开始，中国部分服装企业开始在东南亚地区建立加工基地，而随着东南亚及非洲等国家和地区各类新兴经济体的崛起，这些国家凭借更加低廉的人力成本，必将在未来形成与中国的竞争关系。未来，中国服装不能靠量取胜，而是要再上一层台阶的"质"的飞跃，以高品质这一要素成为全球供应链中不可或缺的一部分。

中国想要继续保持全球服装制造供应链中"一哥"的地位，就必须借助互联网、5G、大数据的优势，助力60%加工企业的升级，全力打造制造品牌，未来的世界才会被中国装扮。

——2020年2月25日

○ 服装品牌可持续发展的建议

随着时代发展不断变化，时下的中国，服装的风格多种多样层出不穷。潮流的风向总是变幻莫测，中国服装市场取向逐步深化，多元价值观开始形成。服装品牌完成了从产品需求到品牌需求，到品位需求，再到人文需求的定位转变。市场分化、人群细分是当下服装产业的现状，消费者的口味已经进入了多元化、小趋势的时代。如今的潮流设计师和时尚买手必须用自己的方式，满足消费者越来越挑剔的口味！

品牌已经不仅是一个商标，更是一个企业综合竞争力的表现，要把品牌发展提升到企业长期发展战略高度，需要我们的企业家放下浮躁的心态，认清自己，看清市场，科学地制定品牌发展战略，实现品牌的完美呈现。

（1）品牌市场定位要清晰，但并非一成不变。"消费个性定位""消费场景定位""消费体验定位""消费服务定位"是新零售时代品牌四大定位要求。市场定位决定了品牌的发展方向，但市场不是永恒不变，品牌的发展方向也需要适时修正，再定位。

（2）提高产品的设计、创意能力，以提升品牌的附加值。

（3）加强服务创新能力的提升，要充分利用5G带来的新的发展机遇，以智能化、互联网、大数据等技术提升产品售前售后服务水平，提升品牌的美誉度和忠诚度。

（4）"高质量"是实现品牌高端化的底线和基本保障，中国服装业不缺品牌，缺的是跻身高质量水平的高端品牌。随着消费需求目的转变，消费升级，服装品牌的可持续发展必须走高质量路线。对企业而言，要不断提高生产技术、工艺水平，并向国际标准对标，甚至制定出高于国际的企业标准，以引领行业质量发展。

我们大家熟悉的路易·威登（Louis Vuitton）、爱马仕（Hermès）、博柏利（BURBERRY）等服装品牌有超过150年的历史，他们用耐心、专注、品质成就了百年奢侈品的地位。

服装行业是一个既传统又时尚的行业，如果从品牌的角度讲，中国欠缺传统的服装品牌，更不要讲百年服装品牌。中国服装业品牌建设之路任重而道远，我们不缺少时尚，不缺少技艺，但我们缺少坚持用"工匠精神"打造品牌的初心……

—2020年2月26日

○ 2020 年服装出口企业前景预判及对策

2019 年底爆发的新冠肺炎疫情，在全国人民齐心协力抗击下，整体形势正在向好的方向发展，而正当国内疫情在逐渐被控制，每日确诊人数逐渐减少的时候，新冠病毒却在超过 100 个国家开始蔓延，一场全球的恐慌正在袭来，世界卫生组织已经将防范风险提升至最高等级。

中国服装业在这场"抗疫"中可谓损失巨大，出口方面，据海关统计，2020 年 1～2 月我国出口纺织纱线、织物及制品 137.725 亿美元，同比下降 19.9%。2020 年 1～2 月我国出口服装及衣着附件 160.623 亿美元，同比下降 20.0%。

国内消费方面的损失，2020 年 1～2 月可以用两个"睹"来概况：即"有目共睹、惨不忍睹"。而这对于一些服装企业来说，可能是刚刚开始。

我们对 2020 年剩余的 297 天有什么研判？服装企业又将如何应对？

服装出口将持续下滑。2019 年 1～12 月我国出口纺织纱线、织物及制品 1201.992 亿美元，同比增长 0.9%；2019 年 1～12 月我国出口服装及衣着附件 1513.676 亿美元，同比下降 4.0%；2018 年 1～12 月我国出口服装及衣着附件 1576.148 亿美元。从数据不难发现纺织品出口减少主要为服装成衣出口锐减。

目前，服装出口面临着严峻的外贸形势和不少制约因素：一是国际市场需求不足，全球经济复苏缓慢；二是产业转移和行业订单外移，正在对我国服装贸易构成挑战；三是国内成本不断上升；四是缺乏有效的增长点。

而此时又遇新冠疫情，对中国服装出口来说无疑是雪上加霜，预计2020年中国服装出口会持续下滑。

服装出口企业形势严峻。随着疫情在全球的蔓延，全球主要的纺织服装市场需求将下降，受影响的市场就不只是去年一个美国那么简单了，产能过剩的问题也会变得更加突出。一旦到了那个时候，无单可接、有单害怕、库存压力，抛货、甩货、提前放假的事情有可能会再次发生。

OEM企业应加快转型。后疫情时代，中国人的消费观念将发生变化，服装"功能化、高品质、低价格"会成为绝大多数消费者择衣的标准。而具备简单防疫且具有时尚个性的服装，一定会成为时尚的又一主题。

OEM企业应发挥自己产能及技术优势，加快由外贸生产向国内需求为导向的转变，在单品类产量、品质、成本上下功夫，抢占后疫情时代的时尚市场。

依托信息化及互联网重构生产模式。虽然历经40年发展，但95%以上的服装生产企业，依然属于典型的劳动密集型，企业也因此背负人工成本居高不下的沉重负担。

2018年有服装管理应用软件公司，就推出了基于互联网对单独缝纫车位生产、技术及监控管理的智能终端，使得企业管理者可以在任何时候，随时随地对个体生产状况实施监督。

中国有世界上最健全的物流体系，"低时延、万物互联"的5G将改变人们对生活方式、工作方式、生产方式的重新认知，进而带来第四次工业革命。

　　服装生产企业应大胆尝试，借助5G技术，应用成熟的管理软件，依托强大的物流体系支撑，加快企业信息化改造升级，重构管理流程，并以此为基础，打破传统物理空间的生产模式，建立基于互联网的"化聚为散，化整为零，聚合有度，监管可控、社区加工"的崭新生产模式，摆脱对外贸的依赖，以内需为导向，以满足"人民日益增长的物质需求"为己任，加快企业转变，进而实现减负增收。

　　此次疫情，必将加快中国产业互联网云平台、数字化、智能制造的脚步。服装企业特别是服装加工企业面对"百年未有之大变局"，应深刻认识中国所面临的发展机遇和技术优势，以产业时尚的特性，大胆创新，将传统与时尚、与5G相结合，加快制造向"智造"的转变，打造全球服装供应链的"智造"终端。

　　"不断更新，不断完善，不断否定，不断修正，不断升级"，是任何一个系统保持健康可持续发展的前提。中国服装有千年服饰文化底蕴，在改革开放40余年里更是装点了人们的生活。

　　2020年是5G的元年，更应该成为中国服装产业转型升级，华丽转身的一年。

——2020年3月10日

○ 又逢"315"，服装品牌那些不得不说的事儿

每年的3月15日是"国际消费者权益日"（World Consumer Rights Day），由国际消费者联盟组织于1983年确定。目的在于扩大消费者权益保护的宣传，使之在世界范围内得到重视，以促进各国和地区消费者组织之间的合作与交往，更好地保护消费者权益。

一年一度的"315"又来了，每到这个时候有些品牌企业就会提心吊胆，而消费者就有一种"翻身农奴把歌唱"的感觉。据不完全统计，2018年"315"期间手机、汽车和服装类产品成为商品类投诉前三名，服装类商品中涉及商标、质量问题的有37629件，关于售后服务问题投诉有7598件，分别占到服装鞋帽总量的66.01%和13.33%。

商标，是用来区别一个经营者的品牌或服务和其他经营者的商品或服务的标记。

1927年宁波慈溪人陈汉泉与人合资开办"永新服装公司"使用"永新"牌商标；1934年，做鞋帽起家的上海永新染织厂，即现在的上海服装（集团）有限公司永新雨衣染织厂，注册了"ADK"，成为中国最早注册的服装商标。ADK即Asia Dress King，意为"亚洲服装之王"，后又注册中文"大地"商标，更多民族含义被注入品牌中。

从20世纪50年代服装色调以绿、蓝、黑、灰为主，款式单一，到改革开放后的港台风、欧美范儿来袭，再到今天的个性化、小趋势。

一个个人物，一件件往事，见证70年来中国人的穿衣理念发生的巨大变化。这其中不能回避和隐晦的是，服装商标造假和生产假冒产品曾对国人穿着进步的推动。

改革开放之初，国人没有知识产权意识，再加上信息封闭，于是，一些人借人们崇洋媚外的心态和庞大的市场需求，开始造假。假冒国际品牌服装开始出现在一些城市。从20世纪80年代初期开始20多年时间里，全国各地服装市场假冒品牌可谓横行，在丰富了百姓衣柜，满足了人们虚荣心之后，靠售卖假冒服装，也成就了改革开放之初最早一批做服装"品牌"的人。

1997年以后，随着国家对商标侵权行为的打击力度加大，大批原来做仿制服装的商人开始到国外注册自己的商标，也就是最早进入中国各大百货商场的所谓意大利、法国、美国服装品牌，我们称为"假洋鬼子"。因为从商标名称、品牌故事、产品设计、生产、包装等所有环节与外国人没有一毛钱关系，只因一个西洋名称便使一些消费者趋之若鹜。

2013年开始，随着国外时尚潮牌的进入和兴起，一些国人企业又开始仿效国外著名时尚品牌的字母、字体及图案，采取只改变其中一个字母、图案颠倒或另加后缀字母等方式，打擦边球、蹭流量，于是出现了大量假Polo、假TOMMY、假MQ等商标，他们完全仿照原国际品牌风格，以低廉的成本，较低的价格冲击正品销售，混淆视听误导消费，普通消费者很难辨识真伪。

15年前，出现了职业打假人，2010年，专业的服装打假人也开始漫步各大城市百货零售终端。于是，每逢"315"期间，有许多品牌商就开始胆战心惊，祈祷这个"315"可以平稳度过。

中国人在经历了42年转瞬即逝的改变之后，加之互联网在中国飞速的发展，越来越多的中国服装优质品牌涌现出来，人们的品牌意识日益增强，消费观念日趋成熟和自信。特别是中国创造的崛起，与年轻群体建立起新一代中国消费者的审美自信和民族文化认同，二者共同构建了国潮的文化内涵，"李宁"就是这诸多国潮品牌的代表。

但时至今日，依然有一些服装企业在创品牌上想抄近路：走捷径，傍大牌，蹭流量，靠抄板维持。说现实一点，是企业没有自我开发能力；说透彻一点，就是没有知识产权意识，其本质就是缺乏自信。

假冒或仿冒，是改革开放初期市场经济的必然产物，在互联网高度发达的当下，在信息如此公开的今天，任何投机取巧侵犯知识产权的行为都不可能持久。放弃幻想，踏实做事，辉煌的品牌之路其实就在你的脚下。

国务院2015年5月印发的《中国制造2025》中提出：通过努力实现中国制造向中国创造、中国速度向中国质量、中国产品向中国品牌三大转变。

品牌已经不仅是一个商标，更是一个企业综合竞争力的表现，要把品牌发展提升到企业长期发展战略高度，中国服装人任重而道远。中国是服装制造大国，但不是强国；中国服装品牌数以万计，但没有国际知名品牌；中国服装不缺完美的技工，缺少始终如一的品牌"初心"和不懈追求完美的工匠精神。

"315"进入中国36年，它如同一个警钟，时刻在惊醒中国服装业尽快走上自我品牌发展之路，实现中国产品向中国品牌的转变，创世界高品质中国服装品牌。

—2020年3月15日

○ 影响与对策

　　联合国秘书长古特雷斯19日表示，受新冠肺炎疫情冲击，全球经济"几乎肯定"会发生衰退，并"有可能达到创纪录的规模"。全球规模最大的金融机构之一——美银美林集团的首席经济学家米歇尔·梅耶（Michelle Meyer）也在19号发布预测报告称，该机构认为，新冠肺炎疫情在美国引发经济衰退"不再是可以避免的，而是已经到来了"。

　　在世界经济高度发达的今天，各个国家及产业链之间都是相互依存的关系，没有一个国家可以独立之外，独善其身。新冠肺炎疫情对全球供应链安全产生重大影响，随着疫情在世界各国的蔓延，一些严重地区的供应链可能破裂或消失，部分跨国供应链也面对中断与重构。

　　中国拥有全球规模最大、门类最齐全的工业体系，已成为全球产业链和供应链的关键节点，但在高科技产品如芯片、数码机床、医疗设备等国外产品占据着产业链的上游，意味着我国一些产业对外依赖依旧很深，相比之下，大型发达经济体对中国经济的依赖度较低。

　　综上所述，目前新冠疫情在中国虽得以控制，但产业供应链的恢复需要时间，长达两个月的停摆，一定会带来原材料及人工成本的提高，疫情给中国经济带来的滞后影响才刚刚开始。而席卷全球的疫情正在沉重打击世界经济，并且这种打击在深入。受此不确定因素拖累，我们的企业在未来较长的时间里应该做好充分的心理及物质准备。

对企业来说，此次疫情倒逼企业经营向线上转移，加快了企业间网络化进程。服装本属于时尚产业，但长期以来，服装企业特别是占规模80%以上的中小型服装企业经营者，落后的思维意识及传统的生产模式，严重阻碍了中国服装由制造大国向制造强国的转变，与"时尚"这一概念完全背离，使得整个行业还处于工业2.0阶段，与大纺织已经形成的高度信息化程度极不相称。

信息化，是企业提升效率、优化流程、数字共享、资源合理分配的关键；是企业降低成本增产增效的基础；更是企业未来实现智能制造的基础。服装企业只有尽快实现全业务、全供应链、全生产要素的信息化管理，产业加快互联互通工业互联网的建设，才能逐步推动企业向智能化发展，进而逐步摆脱对传统工人的依赖；才可能真正借助线上优势推进产业转型升级，与时代同步，融入未来互联多彩的世界。

现金流，是企业生产的命脉，决定着企业市场价值及承受风险的能力。此次疫情对企业而言，从需求侧来看，消费大幅下滑，订单减少或取消，库存增加，企业资金周转和现金压力加大，偿债风险上升，在疫情危机之中，如果企业现金流营养跟不上，很容易由于资金周转困境而陷入破产危机，无法支撑到延迟兑现的再繁荣阶段，现金流健康和充裕程度或将成为企业渡过难关的最关键因素。

重视创新，在数字化、自动化和人工智能技术逐渐普及的时代，持续创新已成为中国经济发展的核心动力。服装作为时尚的潮头，企业要在产品及品牌文化上大胆创新，在改变传统营运及生产模式上大胆尝试，追逐科技时尚，主动拥抱5G世界，享受科技红利，进而在国家"新基建"中找到产业立足点。

制定中期规划，疫情结束或恢复常态尚需时日，企业应尽早制定最短9个月的全面应对计划及调整方案，特别是OEM企业，应加强与上下游端企业的沟通，借助互联网的优势，做到快速知晓，快速反应，快速实施，及时调整对策以不变应万变。

时尚只有与科技的深度融合，才会有抵御一切病毒的资本，才是未来服装产业之希望！

—2020年3月21日

○ 服装离智能制造有多远

服装是人类文明与进步的象征，也是一个国家、民族文化艺术的重要组成部分，它不仅能够反映当代人们的生活方式和生活水平，也更能真实反映当代社会经济发展的状况。

改革开放40年以来，我国服装产业虽得到了前所未有的发展，但服装生产企业自始而终的劳动密集型生产方式及传统的管理模式，成为阻碍整个产业升级的顽疾，特别是在"两化"融合方面，与大纺织业已形成的高度信息化程度相比显得极为不协调。

互联网已经进入中国25年之久，它在改变国人消费、生活习惯的同时，也在改变着新一代年轻人的择业观，大部分就业者都倾向于进入高新技术行业工作，加之我国人口红利逐渐消失，作为劳动密集型产业，我国服装企业正在面临着巨大的用工压力。

引进先进的自动化设备，改变传统的生产方式和流程，借助互联网优势加快企业数字化、信息化脚步，以技术进步减少对传统工人的依赖，无疑是解决以上问题的关键。但我国服装企业对信息化认知普遍存在误区，对信息化投入较少，人才、技术等方面也存在诸多瓶颈。调查显示，目前我国80%以上的服装生产企业仍没有实现信息化，而信息化与工业化的深度融合又是实现智能制造的第一步。

国务院于2015年5月印发《中国制造2025》，随后工信部于2015年7

月发布"智能制造示范项目名单","服装智能制造技术"开始受到行业企业的广泛关注和重视。中共"十九大"报告号召加快建设制造强国，加快发展先进制造业，要继续做好信息化和工业化深度融合这篇大文章，推进智能制造，推动制造业加速向数字化、网络化、智能化发展。

但截至目前我国尚未形成清晰的智能制造发展战略，特别是发展的技术路线。对于什么是智能制造、为什么发展智能制造、服装产业如何发展智能制造，还需要进行深入的研究和探讨。大部分企业在智能制造的理性认识、发展方向、工作重点、路径选择、实施策略等方面还存在许多困惑和误区，经常将其与"自动化""信息化"改造等混淆，例如，误将安装采用某种新型企业管理软件如ERP视为实现智能制造等，导致企业转型升级误入歧途，严重滞缓了我国服装产业的发展。

服装离智能制造究竟还有多远？我们是不是应该从自身行业特性，从行业发展的前瞻性出发，从行业未来真正需要的人才考虑，在服装行业有没有可能实现智能制造这一问题上做一次放弃盲目追随，静下心来的理性思考。

（1）智能制造是在现代传感技术、网络技术、自动化技术、拟人化智能技术等先进技术的基础上，通过智能化的感知、人机交互、决策和执行技术，实现设计过程、制造过程和制造装备智能化，是信息技术、智能技术与装备制造技术的深度融合与集成。

（2）服装的时尚属性决定了它所有组成要素的不确定性，包括材料、制作工艺、服饰配搭、生产设备等，而正因为这些不确定性与实现全生产过程的智能制造前提相背离，所以，服装生产全过程实现智能制造是不可能完成的任务，起码在我们这一代不可能实现。

（3）要在企业制造的全过程中全部实现智能化，如果不是完全做不到的事情，至少也是在遥远的将来。而如果只是在企业的某个局部环节实现智能化（如已经投入使用的"智能量体定制系统"），而又无法保证全局的优化，则这种智能化的意义是有限的。

（4）信息化不等于智能化，智能制造系统是一种由智能机器和人类专家共同组成的人机一体化智能系统，绝不是安装一两个应用软件就可以解决的事情。近两年，一些原本研制生产与管理系统软件的供应商出于商业目的，把自己包装成"智能制造方案"的提供者，导致许多企业以为安装了ERP，有了MES系统就已经实现了智能制造，严重误导了企业认知。

（5）从目前智能制造的技术来看，从目前占总数80%以上中小企业的整体状况来看，企业实现信息化管理，以信息化推动企业进步，进而实现生产全流程数字化，企业全要素达到网络化，才应是我们积极宣讲并推进的事情，对企业来讲更现实，更容易实现，也是服装企业未来发展所需。

（6）2016年5月9日，"中国服装智能制造技术创新战略联盟"成立（以下简称"联盟"），标志着服装产业探索智能制造的开始。三年后的2019年12月"联盟"发布了服装企业有关智能制造相关系统及管理评审规范的团体标准（以下简称"规范"）。

既然作为标准，其产生的基础应该：一是将科学研究的成就、技术进步的新成果同实践中积累的先进经验相结合，纳入标准，以保证标准的科学性。二是标准要反映全面经验和全局的利益。

"规范"虽已发布，但不能束之高阁，随后的推广和宣讲才是使"规范"尽早被企业认识、比照、实施的重要环节，而作为"规范"的制定者，更可以从企业实践中找出问题，不断修正并完善标准，使其被越来越多的企业所接受，可以约束和服务更多的企业，使"联盟"真正成为规范行业认知、秩序、发展的引领者，促进行业数字转型的助推器，而不仅仅是标准的制定者。

因此，要实现我国服装产业"科技、时尚、绿色及可持续"发展，首先修正模糊认识，厘清概念，从服装的特性出发，把握世界技术发展趋势，才能提出适合服装生产特性的智能制造发展战略，特别是发展的技术路线，明确智能制造在服装产业发展的战略目标、方针策略，加快推进我国服装制造的智能化转型，进而早日实现我国由服装制造大国向"智"造强国的转变。

——2020年3月28日

○ 疫情过后有"报复性"消费吗

因为疫情，禁足居家近两个月，蓬头垢面，一身睡衣竟然穿了一个月，依然觉得无所谓，期间，偶尔下楼虽草草包裹，但一定要武装至牙齿，或收取快递，或扔垃圾，或采购食粮，旋即转身一路小跑回家，如贼一般生怕碰到旁人，即便碰到也如同生人一般无话。此时的服装只要具备它最原始的功能即可：遮羞。对于绝大多数人来说，在这个寒冷的春天，待在家里，每每环顾四周，觉得最多余的恐怕就是那塞得满满的衣柜。

近期，"疫情过后会出现报复性消费"的预言，成为诸多企业抓住的最后一根救命稻草。

我觉得此预言也对，人们在经历了一场旷日持久的特殊灾难之后，开始懂得珍惜并希望享受每一天的阳光，开始对家庭产生依赖，开始特别关注自己及家人的健康。如果您是从事餐饮业、旅游业、大健康产业的话，那恭喜你，一定要磨刀霍霍，备足材料，准备迎接一大波吃货的到来；或重新策划旅游产品，迎接蜂拥而至的游客，而自助式旅游应该会成为主流；或准备资金投入大健康事业中去。总之一句话，对于餐饮业、旅游业、大健康产业来说，疫情完全结束的那一天，一定是你们期盼的艳阳天。

而如果从服装零售的角度去看，对此预言我却不敢苟同，甚至可以讲：疫情结束后服装的报复性消费不可能出现。理由有四点：

一是改革开放40年在带来国家巨变的同时，五彩缤纷的时装更是满足了国人对服装的极大需求，中国人对服装的需求已经从最初的物质满足，到后来的精神追求，再到现在的文化认同和个性需求，无不显示着国人消费正在从盲动消费，到感性支配，再到理性消费的提升。

当前消费需求的重点已经由商品消费转向服务消费、品质消费、品牌消费、个性消费。如果站在新消费的角度来看，服装已不再是消费的首选。

二是疫情让人禁闭两个月，恐怕没有一个人感到服装不够穿，反而会觉得衣柜里的琳琅满目有些多余，甚至恨不得有人上门收购衣服，以补贴因为两个月没有收入的窘境，不是吗？

三是疫情在改变着我们生活状态同时，也修正着绝大多数人的消费观念和理财记忆，拥有一定数额的现金流，是从容应对各种灾难的前提。疫情过后，"理性消费，量入而出"一定会成为绝大多数人的消费理念。

四是疫情在国内虽得到了很好的控制，但持续恶化的全球疫情却使我们不得不小心翼翼。在全球化时代，中国经济已离不开世界，不可能独善其身，一荣俱荣一损俱损，疫情带来的进出口需求大幅锐减，毫不意外会对中国经济造成巨大影响，这意味着，国内将有1.8亿人的工作将受到影响，由此带来的一定是对消费的冲击。

此时，我们的品牌零售企业，特别是外贸企业，不应抱有任何幻想，在2020年这个充满不确定的空间里，应做好充分的心理准备，踏踏实实梳理自己，果断放弃那些非主营业务，砍掉繁枝错节，回到自己擅长的、有供应链优势的业务中来，保守财务，在横向供应链中寻找真正的需求并开始协调整合；回到初心，以工匠精神在单一品类下功夫，打造百年品牌；发挥自己的产能及技术优势，不断创新，以"满足人们对美好生活的向往"为目的，全力拓展内需市场。

同时把主要精力由线下转至线上，再造架构和流程，加快推进企业全要素信息化、数字化，充分享受5G带来的科技红利，以开放的心态拥抱这个瞬息万变的世界。"劳动密集"和"产能过剩"一直是服装产业的两大标签，对于产业集群地来讲，疫情是坏事也是好事，它加快了落后产能的淘汰，缓解了对有限资源的无限损耗。

各地职能部门应积极引导小微企业转型或向行业龙头企业靠拢，出台政策，鼓励优质企业收购或并购小微企业，促使产业资源优化；鼓励中小企业积极与当地"工业设计创新中心"合作，以设计促进企业进步，以品牌助力企业发展。

各地政府职能部门与地方行业协会，应在打造基于本地产业特色工业互联网上加大投入，为本地产业未来可持续发展提供基础设施，加速产业集群全供应链的优化及网络化。同时，积极参与和服务于企业，借助新媒体和社交网络，以文化赋能，以鲜明的IP个性，以技术优势打造地域优质产品，推动本地产业升级。

如果说疫情过后会有报复性消费的话，那一定是中国庞大的产业链提前转型升级的消费，而这一消费巨大且不可避免，同时必将造福四方，惠及人类。

——2020年4月5日

○ 底线思维下的你我

2020年4月8日中共中央政治局常务委员会召开会议，听取新冠肺炎疫情防控工作和全国复工复产情况调研汇报，分析国内外疫情防控和经济运行形势，研究部署落实常态化疫情防控举措、全面推进复工复产工作。会议提出，面对严峻复杂的国际疫情和世界经济形势，我们要坚持底线思维，做好较长时间应对外部环境变化的思想准备和工作准备。

坚持底线思维，其中释放出的重要信号让人心中不禁一沉。

1. 疫情带来的直接冲击

3月16日，统计局发布了前两个月的经济数据，我们看到，疫情以及我们通过隔离手段来控制疫情的措施，无论是对需求端，还是对生产领域、对供给端都造成了超预期的影响。当然从数据的角度来看，实际上对需求端、消费端的影响要大于对生产领域、供给端的影响。比如说工业生产，前两个月平均工业生产同比下降13%，这个数字应该是自从统计局开始在1992年发布月度工业增加值数据以来下降的幅度最大的一次，包括在2008年、甚至包括在SARS期间都没有看到双位数的下降，服务业可能下降更多。统计局同时也公布了商业服务的产出指数，也在下降，前两个月同比也在双位数下降，13%以上。对消费端的影响更大，零售20%、25%。固定资产投资也下降20%，所以说都是双位数的下降。

2. 供应链断裂使得复工复产难以持续

全球疫情持续恶化，主要经济体基本上都按下了暂停键，不管愿意不愿意。疫情对全球经济的影响史无前例，中国前两个月GDP估计为负增长，欧美经济结构以消费为主，疫情控制的手段对其经济影响更严重。虽然中国企业于3月逐步复工，但欧美最乐观估计疫情在二季度得到控制，三季度经济增速将仍在负区间，中国难以独善其身。

我们将面临一个非常严峻的来自外部的需求冲击，这种需求冲击在短期内至少在未来三个月，其冲击力度不亚于2008年的全球经济危机，更何况中国许多企业的上下游都在欧美市场，供应链的断裂使得中国的复工复产恐难以为继，可能面临长达六七个月甚至更长的困境。

近期，中国纺织工业联合会在向国家发改委、工信部报送的"纺织企业复工复产情况报告"中指出：行业复产形势总体平稳，企业经营压力持续加大。从另一个侧面印证了我们所面临的巨大压力。

3. 全球疫情的不可预测性对企业的冲击

截至4月12日11点，美国累计确诊病例达到529887例，海外确诊达到1694056例。

钟南山院士在4月12日对环球网记者说："现在让我预测全球拐点，就比预测中国的难得多。照目前这个形势发展下去，恐怕还需要两周。"

现在我们第一个进入且第一个走出来，但是中国跟海外有时间差，我们作为一个世界工厂、一个制造业国，现在又面临疫情全球蔓延，而全球未来一段时间的控制会使经济衰退，对中国来讲实际上是带来外来冲击，规模上类似2008年的外来冲击一样。

这种冲击对企业的影响是不可低估的。更重要的是，可以想象我们的中小企业在第一季度受到了国内疫情和相关政策的冲击，正稍微能活下来喘口气、正准备加班加点恢复生产的时候，又看到外部订单出现这种突然被取消的不利情况。对企业来讲，一两个月没有现金流是可以的，但如果说两个季度都如此，我想很多企业所遇到的困难是难以想象的，更何况目前全球疫情发展的不确定性。

底线思维会影响我们的生活态度，但能够提供继续前进时所必需的那份坦然。因为并不是所有人都能够轻易地做决定或担风险。有时可能苦苦思索几个星期，甚至几个月，但仍然无法得出结论，采取行动。这种情况的出现，常常是由于我们害怕跨入未知领域所带来的后果而引起的。

生活在当前这个即使不算是混乱，但至少可以说是变幻无常的时代，意味着我们不得不对我们的工作、家庭、生活方式做出调整，做好较长时间应对外部环境变化的思想准备和工作准备。

意识到一旦你处于底线的位置上，你唯一能做的事只有：向上！

——2020年4月12日

○ 由一个评级排行引发的

日前，英国品牌评估机构"品牌金融"（Brand Finance）发布"2020全球最有价值的50个服饰品牌"排行榜（Brand Finance Apparel 50，2020）。

运动品牌耐克蝉联第一名，奢侈品牌古驰跃居第二位，运动品牌阿迪达斯名列第三位。中国香港珠宝品牌周大福升至第15位，中国运动品牌安踏升至第18位。上榜的50大服饰品牌的总价值为3008亿美元。其中，美国品牌总价值占比30.8%；欧洲品牌总价值占比53.3%。

说实话，作为一名中国服装人，看了这个排行榜内心五味杂陈，其中更多的是焦虑……

1. 急需用工匠精神打造品牌的中国服装制造

从排行榜可以看到，入选的50个品牌中欧美品牌占了92%，中国只有两个品牌入选。由此深切感受到，中国虽是服装商标注册大国，却在国际消费市场显得如此微不足道。

中国近代服装虽经70余年发展，在国家商标局注册的25类服装商标已近15万个，但国内知名商标屈指可数，知名品牌更乏善可陈，而敢于在国际上称谓品牌的更是无可奉告。

　　而20世纪80～90年代曾经辉煌的：杉杉、庄吉、顺美、太和、爱德康、梦妮莎等服装品牌早已难觅踪迹。究其原因：入行门槛低，认知短浅，缺乏创新意识，对自有品牌没有长远规划和投入，稍有成就便放弃主业去跨界发展，这些都是造成中国服装品牌发展至今如此尴尬的根源。

　　品牌，是企业产品、文化及推介的载体，更是企业得以持久发展的根基。中国有近两亿的服装从业人员，我们不缺少优秀的技工；中国有近3万家服装企业，我们不缺少塑造品牌的根基；中国服装制造要打造世界品牌，甚至打造百年高端品牌，缺少的是企业家强烈的品牌意识，缺少的是始终如一的初心，缺少的是目无旁骛的匠心。

　　2015年国务院发表《中国制造2025》提出：通过努力实现中国制造向中国创造、中国速度向中国质量、中国产品向中国品牌三大转变，推动中国到2025年基本实现工业化，迈入制造强国行列。这为中国服装制造的转型升级及今后发展指明了道路，更为中国服装企业尽快走上品牌之路吹响了集结号。

2. 急需产业升级的中国服装制造

　　从这个排行不难看出，很多国际品牌的工厂就在中国，而我们却没有分享它的溢价，我们仅是一个服装制造大国而已，处在全球产业供应链最薄弱的中间。

　　截至2019年，中国服装行业规模以上企业13636家（未包含80%以上的中小微企业），年产超过200亿件服装，如果把中小企业产量计算在内，这两个数字会翻番。如此庞大的企业数量和巨大产能，在过去四十年中极大地丰富和满足了人们的穿着需求，装点了我们的生活。

　　但是，我们更应看到，这巨大产能背后是依然落后的生产方式所带来的对大量人工的依赖、环境的污染、中低端为主的产品，我们大量的优质企业仍在"为他人做嫁衣"。

在改革开放42年后的今天，在互联网、数字化、大数据广泛应用的今天，在需求侧发生巨大变化：人们对服装的消费从物质需求在向精神满足过渡，个性化消费日益增长，传统的服装企业已经无法适应这一变化，淘汰落后产能是大势所趋，产业升级已迫在眉睫。我们需要以数字化、网络化为主导模式的服装企业；需要以柔性生产为主体的对消费端快速响应的服装制造。

对于广大中小服装企业来说，只有及时更新观念，抛弃惰性思维，转变思维模式，以网络化重组供应链，以数字化引领企业升级，以品牌理念推动企业发展，你的企业才可能适应市场转变，才可能享受品牌带来的附加值，才可能真正迈入现代时尚产业。

而中国服装制造的最终升级，一定是以占行业80%以上的中小企业的华丽转身为标志。

中国服装需要打造国际品牌，需要以品牌重塑中国制造，进而以品牌弘扬五千年衣裳文化。在品牌的道路上，中国服装人任重而道远，我们期待未来国际时尚T台中心在中国，更期待我们可以拥有自己的且国际认可的评级机构，得到时尚的话语权，引领国际时尚，进而为中国时尚进步助力，更为这个世界增添不一样的东方色彩。

我期待……

—2020年4月23日

○ 国货，国潮，新消费

2017年，国务院批准5月10日为中国品牌日，设立4年来，更多国货成为国民好货，更多中国产品成为中国品牌，更多中国制造成为中国创造，走向世界。

1. 国货

疫情之下，国货崛起。2020年《中国消费品牌发展报告》显示，当前国人的购物车里有八成是国货。不可否认，过去很长一段时间，国货被贴上了"廉价质差"的标签，面临"有商品、无品牌，有品牌、无名牌"的尴尬，"山寨""世界工厂"等一度成为形容中国制造的代名词，"Made in China"因假冒伪劣饱受攻击，三聚氰胺等事件更是给国产品牌带来巨大打击。

中国品牌日，不仅要改变世界对中国产品的偏见，更要重塑国人对中国品牌的喜爱，对国货的信心。

近两年崛起的国货品牌，有很多显著特点：成立时间短、走红快、销量大、备受资本青睐。这些品牌崛起的核心在于，产品上高性价比，通过新渠道的内容输出获得年轻人的喜爱，新消费品牌潮正在非常快速地成长。

2. 国潮

从一路狂奔的"国潮"电影《哪吒之魔童降世》累计票房超过45亿元，到李宁在巴黎时装周上发布了敦煌元素的2020年春夏款T恤，国潮的风靡似乎已不可挡。商业浪潮的兴起，根子往往在于"文化认同"，国潮也被认为是传统文化基因与潮流融合的新时尚，其对实体商业的强聚合作用已经十分明显。

北京王府井百货地下二层的"和平菓局"，占地2400平方米，沉浸式体验空间再现老北京生活，青砖胡同儿、照相馆、20世纪广告画、老生活物件、老北京小吃……吸引了大批消费者驻足。作为国潮大范围对消费产生影响，背后是传统文化的回归，以及新一代消费者对传统文化的强烈认同。

大白兔包包、百雀羚草本系列、老干妈卫衣、泸州老窖香水等国产品牌纷纷通过跨界成为国潮，一时间，化妆品、食品、服饰等零售品类，以及以茶颜悦色为代表的一批餐饮品牌，均被国潮风所感染。国潮背后是新消费的诉求和主张。近两三年，国潮品牌市场增速是普通品牌的三倍之多，快速增长的市场背后，是"95后""00后"新一代消费主力军的助推，他们有着强烈的自我表达欲望，渴望通过小众商品彰显自我，用"非传统"的方式去表达传统、用"酷"的方式去复古、用流行的方式去诉说文化，国潮消费者正在传统文化中追寻自我个性的彰显。

3. 新消费

对于企业来说，只有深入理解"新消费"诉求，以及其背后的文化脉络，才能看清未来，为一场爆发做好准备。

新消费，是包含零售及以外的各种消费业态，线上线下融合也绝不仅仅是零售，还有大消费，是包括各种体验业态和服务在内的消费。相比"新零售"，"新消费"的内涵更丰富、外延更广，更能体现和反映当今消费特征。

新消费更是基于：新环境、新人群、新供给、新营销、新渠道、新技术条件下与传统消费的区别。

消费离不开人，离不开消费者这个基本核心，所有商品不断创新的目的，所有消费（零售）模式的演变，所有品牌可持续发展的前提，都源于对人（消费者）需求的理解，这是一切的原点。研究消费包括：消费需求、消费水平、消费结构、消费方式、消费市场、消费心理与行为、消费引导和消费与经济社会的协调等问题。企业只有研究消费，你才会懂得创新的必要；懂得消费，你才会知晓企业的方向。

贸易战和疫情给大家上了生动的一课，如何抓住危机中的机遇，成为重要命题。进入2020年，中国人均GDP首次突破了1万美元大关，从中等收入国家到中高等收入国家更进一步，我们拥有了强大的经济基础支撑。未来的全球竞争是价值链的竞争，中国正在从价值链的中低端奋力跃升，打造自己的竞争优势，中国再也不是以前的"中国"。这个过程，也是从制造大国迈向制造强国的过程，必将铸造出一批响当当的中国品牌。新消费推动下，国货崛起的浪潮中，众多的中国品牌正在成为国民追求的品牌，国民品牌正在成为世界品牌。

——2020年5月12日

○ 前所未有的挑战与企业应对策略

　　中共中央政治局于2020年5月15日召开会议，强调全球疫情和世界经济形势仍然严重复杂，我国发展面临的挑战前所未有，要毫不放松常态化疫情防控，着力做好经济社会发展各项工作。

　　2020年注定是不平凡的一年，新冠病毒在全球持续蔓延，国内对疫情管控进入常态化，疫情的影响在企业复工复产之后开始显现，而疫情对企业前所未有的冲击可能才刚刚开始。

　　之前，各路大家就疫情下企业如何应对，献计献策，助力企业复工复产；企业在迷茫中开始探索和尝试，这时候才发现这个世界变了，行业格局的分化已经在悄悄形成，一切都在开始重构。

　　中小企业究竟如何变危机为契机，借此解决自身深层次问题，开辟"柳暗花明又一村"，实现华丽转身，是现阶段每一个企业家关注的重点，在此提几点建议供大家参考：

　　（1）加快企业信息化改造步伐。由于缺乏认知和眼光短视，绝大多数中小企业一直对企业信息化改造持抵触心态。此次疫情倒逼企业经营向线上转移，加快了企业间网络化进程。传统服装企业实现全业务全流程信息化，是企业实现升级，真正融入互联网世界的前提，更是企业减员增效，实现网络化、数字化管理，向智能化进步的基础。

　　（2）加快电子商务人才的吸纳、培养。加快员工队伍结构的调整，以适应企业自身的转变及不断升级的互联网环境需求。

（3）加大企业数字化基础设施的投入，包括：企业云平台搭建、生产车间的全网络软硬件布局、现有设备数字化改造及引进、现有管理网络系统与数字化设备的兼容升级等，为未来的发展留出接口。

（4）重整供应链。认真梳理、考评供应链各环节要素与企业关联，重新认识和搭建基于新环境、新业务、新生产、新需求下的新供应链。对供应链的整合与互联能力，是决定企业今后从容应对市场变化的前提。

（5）重回"初心"，在细分品类上下功夫。对原有的产品结构或加工业务做一次梳理，只保留具有核心竞争优势的产品或业务，大胆砍掉繁枝错节，做精、做专产品并使其标准化、数字化，为生产步入智能化创造条件。

（6）转变生产模式，以柔性生产代替大规模生产。随着消费对象迭代，消费升级，企业应加大产品研发投入及创新力度，以文化赋予品牌个性，以更加柔性灵活，降本增效，适应消费需求。

（7）以互联网思维重新搭建企业组织架构。互联网的高度普及与应用，在彻底改变人们获取信息的渠道、生活习惯、交流方式的同时，也衍生出大量与之配套的职业和专属人才，行业与专业分类日益专业化，企业应抛弃传统管理概念，放弃"大而全"的组织架构要求，采取更积极、更开放、互信的心态，以大团队合作方式开展横向互联，加快传统企业向互联网企业过渡，以最少的投入和风险获取最大的合作收益。

（8）构建品牌专属"私域流量池"。疫情影响之下，线上内容消费的高涨与线下经济的低迷造成了流量的供需失衡。一边是社交、长短视频、阅读、办公、教育等线上内容迎来爆发性增长，一边是中小企业大量萎缩。一场疫情，互联网给我们上了一堂痛彻心底的教育课。

截至2020年3月，我国网民规模为9.04亿，这一庞大数字背后，是国人生活状态和消费渠道的转变。抖音、快手、小红书、B站等社交平台正在成为企业网络营销主战场，网红直播销售、明星带货正成为引流和吸粉的最强劲渠道之一。

传统的零售及获客方式在被颠覆，互联网正在助推中国经济模式与消费模式加快转型。企业要善于利用社群社交，构建和运营好私域流量，加快线上布局，推进线上与线下的高度融合。

（9）要有充分的心理准备。"不确定性"将成为2020年甚至今后较长一段时间所有事项的主题总结。企业要有"艰苦再创业，打持久战"的准备，做好中长期现金流准备。传统服装企业应加快自身体制改造，大胆取舍，构建现代企业机制，是企业应对一切不确定因素的前提。

中国在经历了四十年的迅猛发展之后，迎来了"百年未有之大变局"，面临前所未有的挑战。那种轻松赚钱的时代已经结束，我们可能再也回不到从前，此时服装人真的需要收回浮躁的心，静下心来做一次前所未有的思考：我要什么？我能做什么？我想得到什么？

特别是我们的中小企业经营者，如果仍以那种落后的自负及惰性思维来面对这个五彩世界，那你真的要开始"习惯困难"。

—2020年5月16日

○ 粤港澳大湾区在服装产业升级中的地位和作用

2016年3月《中华人民共和国国民经济和社会发展第十三个五年规划纲要》明确提出"支持港澳在泛珠三角区域合作中发挥重要作用，推动粤港澳大湾区和跨省区重大合作平台建设"；同月，国务院印发《关于深化泛珠三角区域合作的指导意见》，明确要求广州、深圳携手港澳，共同打造粤港澳大湾区，建设世界级城市群。

粤港澳大湾区由香港、澳门和广州、深圳、珠海等9个珠三角城市组成，总面积5.6万平方公里，2018年末总人口已达7000万人，是中国开放程度最高、经济活力最强的区域之一，在国家发展大局中具有重要战略地位。

国家推动大湾区建设的目的，是要充分发挥粤港澳地区的综合优势，深化粤港澳合作，推进粤港澳大湾区建设，高水平参与国际合作，提升在国家经济发展和全方位开放中的引领作用，为港澳发展注入新动能，保持港澳长期繁荣稳定。其定位：充满活力的世界级城市群、具有全球影响力的国际科技创新中心、"一带一路"建设的重要支撑、内地与港澳深度合作示范区、宜居宜业宜游的优质生活圈。

作为时尚先锋的纺织服装企业和科研单位已经闻风而动，开始谋划借力大湾区，寻找纺织服装新的增长点和发展路径。

2019年10月26日，由广东省佛伦斯服饰发展集团投资建设的"粤港澳大湾区时尚智造中心暨港澳青年创新创业创造基地"在广州知识城挂牌成立，该项目将以时尚产业为依托，深化时尚与智造产业融合，引导企业引进新材料新工艺新设备，运用互联网、物联网、工业云、大数据等新技术，实现时尚产业智造产业链、价值链高端聚集。

2019年11月18日，由中国纺织建设规划院和广东省服装服饰行业协会联合组建的中国纺织建设规划院粤港澳大湾区研究院正式揭牌，双方将开展湾区服装产业研究，建立湾区服装产业数据库，帮助推动湾区纺织行业高质量发展。

那么，粤港澳大湾区的建设究竟会给中国纺织服装的发展带来哪些机遇？对中国服装产业升级及未来又意味着什么？该如何抓住时机，摒弃传统思维，以创新的商业模式借力大湾区，促进中国服装产业质的飞跃？就此话题，谈一些个人浅薄的认知，抛砖引玉。

1. 提高广东在中国服装产业发展中的引领作用

广东有着雄厚的服装产业基础，也有着产业集群的优势。广州、深圳、佛山、东莞、中山这条黄金走廊形成了一个中国规模最庞大、技术最先进、配套最完善的纺织服装生产、加工基地。广东服装产业规模已占全国的三成。同时，广东地处中国南部，毗邻港澳，资讯交通便捷，对国际服装潮流反应快捷，成为国际流行时尚向内地扩散的"转换站"和"信息源"。

而地处粤南的深圳，其服装产业在我国拥有"四个第一"：品牌数量第一、上市企业数量第一、经济总量第一、市场占有率第一。2019年，全行业实现销售总额2600多亿元，占全国销售总额的10%。目前，全市拥有2500多家品牌服装企业，涌现出玛丝菲尔、影儿、歌力思等一大批全国知名品牌。其中，中国驰名商标6个、广东省名牌产品11

个、广东省著名商标9个。200多家品牌企业常年活跃在国际四大时装周的舞台上。

中国服装产业流传着这样一句话："女装看深圳"，2018年12月由中国纺织工业联合会、深圳市龙华区人民政府主办的"2018中国纺织服装品牌大会"在深圳·大浪时尚小镇举行，表明国家对深圳服装行业发展的认可。

从以上可以看出，广东时尚产业基础雄厚、地域优势明显、设计人才聚集、技术工人众多、创新意识强烈、品牌理念清晰、企业股权架构灵活等，这些都是内地服装企业的短板。

构建基于5G、AR/VR技术，以粤港澳大湾区纺织服装为龙头的工业互联网平台，可以充分发挥广东服装产业优势及辐射引领作用，统筹珠三角九市服装生产布局，带动周边时尚创意产业的发展，推动华北、华南、赣南地区服装产业结构性调整及转型升级，进一步引领中国服装从"量"向"质"的进步，中国产品向中国品牌的转变。

2. 借力"新基建"，打造大湾区时尚"硅谷"

2020年3月，中共中央政治局常务委员会召开会议提出，加快5G网络、数据中心等新型基础设施建设进度。新型基础设施建设（简称：新基建），主要包括5G基站建设、特高压、城际高速铁路和城市轨道交通、新能源汽车充电桩、大数据中心、人工智能、工业互联网七大领域，涉及诸多产业链，是以新发展理念为引领，以技术创新为驱动，以信息网络为基础，面向高质量发展需要，提供数字转型、智能升级、融合创新等服务的基础设施体系。

对于服装产业来讲，我以为"新基建"应该是：产业链全网络化互联互通建设、企业内部网络全覆盖建设、设备间数字化兼容及协同建设、柔性生产智能化建设。

长期以来，服装行业的信息化程度及企业科技水平整体偏低，2020年的一场疫情，使得企业营销渠道网络化、管理数字化、生产智能化成为热议话题。

如何真正实现全产业链的"科技时尚"，对于90%以上的服装企业来说还是一个未解之谜。而大湾区建设及国家"新基建"概念的提出，无疑给了服装行业一把钥匙，一把开启进入传统实业与现代科技深入融合大门的钥匙。

在2019年公布的"民营100强科技创新综合实力排行榜"中，以华为、OPPO、腾讯为代表的广东企业占了33家，广东的综合科技实力可见一斑。大湾区有成熟的科技实力，又有雄厚的时尚产业基础，可谓天时地利人和。接下来是我们如何开拓思路，找到切入点，积极推动并尝试新的合作模式，用足用好国家政策，借力大湾区科技优势，在广州或深圳打造真正的服装智能智造示范中心，建设全数字化、智能化的中国时尚硅谷，进而引领中国服装产业的整体科技进步。

这需要行业主管部门的前瞻性整体规划，地方政府的积极协调与配合。

3. 借助港澳优势，高水平参与国际时尚合作

中国香港作为国际金融、航运、贸易中心和国际航空枢纽，拥有高度国际化、法治化的营商环境以及遍布全球的商业网络，是全球最自由经济体之一。中国澳门作为世界旅游休闲中心和中国与葡语国家商贸合作服务平台的作用不断强化，多元文化交流的功能日益彰显。

同时，中国香港拥有高效和品控较高的服装供应链，是亚洲区的全球服装采购枢纽。尤其是进入21世纪后，中国香港受惠于一些经贸

政策，加强了与欧美、内地的纺织品与服装贸易往来，服装业逐渐成为中国香港主要的制造业之一，直到2018年，服装业仍在中国香港各行业出口额中排名第二，仅次于电子产品。

近几年，在世界时尚舞台经常可以看到中国的身影，中国资本开始频繁收购国际品牌，山东如意、深圳歌力思、复星、弘毅等集团纷纷出手，用收购来的国际品牌快速、准确地对自身时尚业务补缺，提升企业的国际化程度。如果从另一个侧面看待这些收购所带来的益处，那就是，它们在积极参与国际时尚合作的同时，为中国服装企业实现质的飞跃提供了一个优质的平台。

我们要充分发挥港澳地区独特优势，开展国际产能合作和联手"走出去"，进一步完善对外开放平台，更好发挥纽带作用，推动大湾区时尚产业在高水平参与国际时尚合作中发挥示范带头作用。

4. 打造具有全球影响力的国际时尚T台中心

中国目前有超过2万家服装企业，年产服装近3亿件，庞大的服装产业基础却没有支撑起中国服装品牌在世界消费市场的地位，更没有确立中国服装在世界时尚业的话语权。

世界有四大时装周，分别为纽约时装周、伦敦时装周、巴黎时装周和米兰时装周。四大时装周每年一届，每次在大约一个月的时间内相继举办300余场时装发布会。另外，世界著名且具有广泛影响力的几大服装类专业展会也都集中在法国、意大利、德国、美国等欧美国家，每年吸引着全球买家蜂拥而至，时尚业者追捧关注，而这些无一例外都远离中国。

中国香港曾凭借国际都市的多元文化背景，在时尚界博得一席之地。被誉为亚洲"时尚之都"。这里是创意与潮流的集聚地，艺术展会层出不穷，各式国际时装秀轮番上演。时尚融入这座城市的风貌，形成独特而迷人的多元气质。

我们应借助港澳成熟的资源和平台，从长计议，创新商业模式而非传统模式的转移或简单升级，尝试把世界四大时装周引入中国；在更主动参与国际时尚合作，向世界充分展示中国服装魅力的同时，有计划、分阶段将有世界影响力的国际服装展会引入国内，带动和影响中国服装企业进步，推动中国服装真正融入世界时尚，以逐步获取在全球时尚界的话语权。

纺织服装业作为中国强大产业链中的重要一环，在经历了四十余年的发展积累之后，需要一个更大的平台和机遇去提升，更需要一个在世界上与国家1300万亿总资产规模相符合的产业地位。

中国有雄厚的服装产业基础，有强大且不断升级的内需市场支撑，世界经济的发展需要一个日新月异的中国，世界时尚的T台不能缺少灿烂的中国衣裳文化。

2020年注定是不平凡的一年，对于中国服装产业来讲，它应该成为我们理念上跨越的一年。在面临前所未有的挑战同时，从战略的角度和世界的高度，重新认知这个我们熟悉且又陌生的世界，重新规划和整合中国服装产业优势和发展策略，借力大湾区，并赋予大湾区更高的时尚内涵和产业责任，加快中国服装在网络化、数字化助力下融入世界时尚的脚步，用我们强大的实力和不懈的追求，打造东方最灿烂、世人瞩目的时尚之星。

未来的世界T台中心应该也必须在中国！

——2020年5月25日

○ 出口企业面临的问题与应对措施 ···

从6月15日到22日，这7天里发生了一系列大事，意味着"出口"作为中国经济增长的三驾马车之一，将风光不再。

（1）6月15日，中国放弃了在世界贸易组织（WTO）为其市场经济地位辩护的案子，而诉讼的被告方是欧盟。西方媒体认为，这是欧盟在给予中国市场经济地位问题上取得的"低调却重大的胜利"。

（2）6月18日，陆家嘴论坛上在谈到经济形势的时候提出："一个以国内循环为主、国际国内互促的双循环发展的新格局正在形成。"

（3）6月22日，国务院办公厅印发了《关于支持出口产品转内销的实施意见》，为外销产品转为内销，打开了大门。

以上这些信息意味着，中国已经做了最坏的打算，准备迎接即将到来的风浪！

纺织服装业是中国的传统行业，也是中国对外依存度最高、实现国际化最早的产业之一。1978年广东顺德容奇大进制衣厂成立，成为中国第一家"三来一补"（来料加工、来样加工、来件装配和补偿贸易）企业，开启了外资进入中国的先河，标志着中国服装对外出口的开始。

过去十几年间随着行业出口配额制度的逐步取消，我国纺织服装出口拥有了更加宽松的外部环境。有利的外部环境因素为我国服装行业的国际化发展提供了最基础的条件。在此基础上，凭借我国在劳动力成本和原材料供应上的优势，我国纺织服装的国际竞争力得以进一步提高。自2001年中国加入WTO以来，我国在全球纺织服装产品出口金额增长超过四倍，我国已经成为全球最大的服装生产国和出口国。

然而近几年，受国际市场需求低迷、中美贸易摩擦不断升级、国际市场竞争日益激烈及国内劳动力成本日益增加等因素影响，我国服装出口明显下降。根据中国海关统计，2019年1~12月我国服装出口呈现量价齐跌的态势，服装及衣着附件出口1534.53亿美元，同比下降3.74%，出口数量298.43亿件，同比下降2.98%，出口平均单价3.96美元/件，同比下降1.98%。

4月8日中共中央政治局常务委员会召开会议，会议指出：面对严峻复杂的国际疫情和世界经济形势，我们要坚持底线思维，做好较长时间应对外部环境变化的思想准备和工作准备。

新形势下，风光不再的出口企业应该怎样转型？怎样面对这熟悉而又陌生的国内市场？如何开发产品并找到属于自己的发展空间？

1. 充分发挥企业质量及技术优势

我国的服装出口企业在改革开放之初起步，也是中国最早通过国际标准化组织ISO9000认证的产业。经过四十余年的发展，一些大中型出口企业已经建立了完善的质量管理体系，同时，由于订单稳定，企业培养和留存了大量技术工人，普通员工队伍整体素质较高，这些都是出口型企业已有的优势，也是出口企业实现"由外转内"过程中，那些中小型私企、民企与之无可比拟的优势。

当下，消费已然升级，而升级的特征之一就是消费者对品质的追求，对高性价比产品的无底线苛求。

作为出口型企业现在转为服务内需市场需求，只要充分发挥出口企业在产品质量及技术上的优势，严把质量关，就一定可以"以质量赢得口碑，以精品唤来粉丝"。

2. 充分发挥规模化生产优势

有人认为，目前服装企业的规模化生产模式已经过时，且无法适应当下消费需求，我认为此观点有所偏颇。

"质量好，价格低"是中国亿万网购人对需求的唯一标准，而出口型企业在严格的质量体系保证下，完全可以在单品类生产上充分发挥规模化生产优势，从而降低成本，薄利多销，以量取胜，实现"你有他无，他有你优"，在满足消费需求的同时，在无限的网络消费空间寻到自由发展的平台之目的。

3. 横向联合，强强联手

由于出口企业生产多属于"来料、来样"加工，企业内部架构中根本没有产品开发部门，所以，对于出口型企业来说，转内销面临的首要问题即是"产品开发"，而开发什么产品？如何开发？如何可持续开发？这些又不是短期可以解决的问题，而具备市场的眼光更不是一年半载就有的。

所以，转变思路，以开放的心态，开展横向联合，学会"借鸡生蛋"。

与目前已经市场化的专业设计公司开展战略合作，强强联手，不失为一妙计。如此可以大大减少企业招聘及培养人才的投入，直接减少市场摸索成本，可以在短时间内实现企业转型。

与专业的互联网运营平台公司合作，可以用极少的投入，在最短的时间，以专业的形象拓展线上渠道，为优质的产品在社交圈找到归宿。

4. 要有知识产权意识，减少不必要的风险

常年对外加工的特点，使得许多企业积累了大量客户样品和技术资料，这些都是宝贵的财富和借鉴的资源。

出口企业在今后转内销生产过程中，切不可目光短浅，图一时之快，图一时便利，照搬照抄原有产品，特别是在原辅料应用上，一定要有知识产权意识，以减少不必要的风险。

中国内需市场巨大，只要企业立意清晰，以质为本，初心不改，相信广大出口企业转内销之路一定会铺满鲜花。

—2020年6月27日

○ 直播带货的背后

"直播带货"很火，不知道大家有没有这种感觉：直播带货的数字越来越夸张了。现在，五分钟售罄300万元，一小时带货5000万元，一场直播带货3亿元，各种新闻标题在刺激着大家的神经。

如今，企业如果不做直播，单场直播不破亿，你都不好意思和人打招呼。

从消费者、主播、MCN、品牌方……都在吹大直播带货这个泡沫。这是一场多方共谋，各种势力在直播带货领域杀红了眼，想尽办法从中捞上一笔。

大家都穿着皇帝的新衣，对猫腻心知肚明，却又只字不提。仿佛不直播带货卖上几个亿，这个世界就不再美好一样。实际上，如果你稍微了解一下直播带货背后的猫腻，这个所谓的2020新风口、5G改革发动机、全民致富密码本，堪称一场浩浩荡荡的直播大潮。

毫无疑问，直播是一场浪潮，身处其中的我们谁都无法"独善其身"。或许你已刻意躲避直播，但还是无可避免关于直播的只言片语。不能否认，直播已经深度介入了我们的生活，直播也已然悄悄洗牌了时尚行业。

而要完成一场"直播带货"需由四方构成：直播电商平台、品牌厂商、MCN机构、消费者。现在我们就扒一扒直播带货背后的ABC，看一看这四方谁在偷着乐，谁在咬着被角哭……

1. MCN机构

说到直播带货，首先会想到网红，而说到网红，就必然会提到MCN，它们主要负责向供应商提供资源嫁接、运营扶持、商业变现，也是网红孵化机构，目前，中国有MCN机构突破10万家。

MCN处于直播产业链的枢纽位置，变现模式以电商、广告和用户付费为主，MCN行业处于高速发展阶段，受通信技术、下沉市场和Z世代人群催化，MCN主体议价能力较强，根据艾媒咨询数据，直播电商市场空间近万亿级，疫情增加了人们网上购物的时间和机会。我们重点测算电商模式、广告模式和用户付费变现三个模式的市场空间，根据电商商品交易总额（GMV）、广告粉丝用户价值和直播打赏市场空间，结合MCN在各个市场中的分成比例，我们估算出电商模式规模在590亿元，从购物转化率和渗透率角度来看均有较大的提升空间，具有可持续性；广告模式中MCN预估有200亿元左右的规模，未来增长可期；直播打赏是最成熟的变现方式，预计MCN从直播市场中分走400亿元，未来两年MCN总体市场规模中性预计在1190亿元。

我们再看一下网红们的收入：根据易观之前的研究数据，2018年中国网红收入总规模达到1016亿元。

2. 直播电商平台

直播电商平台端包括：电商平台（淘宝、京东、拼多多、蘑菇街、快手电商等）和直播平台（快手、抖音、淘宝直播等），电商平台、直播平台、MCN为主要受益者，其收益一般来自按成交额的一定比例收取的佣金（技术服务费）。佣金标准为：按不同商品或内容收取订单额（成交额）的1%～10%。

电商直播带货平台收费：以坑位＋佣金为主，佣金一般在10%～20%，坑位费根据红人等级不同也会浮动很大。

2016年是业内公认的直播元年，这一年，国内接连出现了300多家网络直播平台，直播用户数量也快速增长，至今，在这场全民狂欢的直播中，电商平台可谓赚得盆满钵满。我们拿以上收费标准做依据，看下面几组数据：

2019年，直播电商GMV为3900亿元左右，同比增长114%。直播电商快速崛起，主要得益于平台端对直播电商的持续加码，用户直播购物消费习惯的逐渐养成，以及直播电商产业链的逐渐发展成型。初步测算2020年，中国直播电商GMV将达到6000亿元左右，在电商市场渗透率达到5.5%左右。

3月30日，淘宝内容电商事业部总经理俞峰披露了淘宝直播2019年的成绩单：目前淘宝直播有4亿用户，主播数量100多万，2019年淘宝直播引导成交2000多亿元，连续三年增速达150%以上。177位主播带货销量破亿元，直播带货商品数超过4000万，商家自播店数同比增长268%。

蘑菇街2020财年二季度财报显示，在整体GMV中，直播业务GMV所占比重达到39.1%，为16.29亿元人民币，同比增长了115.2%。

抖音2019年GMV超过400亿元。

3. 品牌厂商

2020年严重的疫情影响把直播带货推上了"风口浪尖"。在国人皆喜好网购的前提下，直播带货便提供了一种多维度的网购方式——

既能娱乐，又能购物。结合观看短视频成为大众热门的娱乐消遣方式，直播带货可谓也是当下热门的购物方式之一。

企业可以砍掉代理商、零售商等中间环节，借此平台直面消费者，通过视频的形式对产品进行讲解以及示范，让消费者全面地了解到产品或服务，其维度较传统电商更加丰富，能够消除消费者在信息不对称的情况下存在的疑虑。另外，疫情倒逼企业上网，于是，大批企业加入了直播带货的大军。截至2020年6月，入驻天猫的服装类店铺数125899家，实际开播账号数量环比2月增长719%，直播商品适销价格在0～50元占比最高，其次是50～100元。为了获取流量、获取粉丝，厂商可谓不惜血本，不计成本。

直播的背后，要做好一场直播带货，品牌厂商首先要对接电商平台，提供货源，对接MCN机构或主播，确定直播内容方案，引入直播平台进行内容输出，最终引导消费者在电商平台实现变现转化。同时承担的费用包括：佣金、平台扣点、网红提成、推广费等，一场直播下来，如效果不错，那么这些费用占比约60%。如果直播不理想……

"直播带货"犹如一个哑铃，一头是平台，一头是消费者，中间是品牌厂商。一场直播下来，对于70%以上的企业来说，甜了两头，苦了中间，只有不到10%的企业真正从直播带货中获得了收益。

近日，一场大型直播带货在某服装产业集群地展开，持续两个半小时，据央视新闻报道：当晚在线观看人数超过1500万人次，订单量近50万单，交易总额超过3400万元。由此推算下来，平均客单价68元。如果新闻报道数据属实，如果稍有企业成本常识的话，在这场直播带货中，企业究竟得到了什么？

有人说，企业得到了流量、粉丝。那请问，68元能换来消费者对品牌的认同吗？能换来粉丝黏性吗？相反企业愿意用这样的成本维持这一黏性吗？

4. 消费者

直播带货以一种互动式营销模式对众多消费者产生了吸引力，在电商直播普及之前，消费者都主要通过如微博、微信、小红书、抖音等社交平台来"做功课"，"种草"好物，然后去电商或者线下门店进行购买。而电商直播则改变了这一模式：头部关键意见领袖（KOL）在选品时，通常会采用大众知名品牌加上独有的低价策略，让那些不愿做深度思考、花时间"做功课"的用户可以在观看直播的同时，快速做出购买决定，减少选择障碍，降低用户决策成本。此外，在电商直播强直观性、高互动性、低门槛性、强煽动性的特点下，配合直观的试用效果、限制购买数量的营销方式等综合作用，消费者受到直播的感官刺激，也极易引起冲动性的消费行为。

数据显示，2019年中国在线直播行业用户规模已增长至5.04亿人，增长率为10.6%，预计2020年在线直播行业用户规模达5.26亿人。

从国内电商平台年化活跃买家规模对比来看，阿里巴巴占据绝对优势。2019年阿里巴巴平台年化活跃买家规模达到7.11亿；拼多多近三年异军突起，平台年化活跃买家规模达到5.85亿，排名第二。

消费者在这场直播大战中，可谓受益匪浅，以最低的价格得到了自以为最好的商品。但在媒体和平台欢呼的背后，是平均不少于50%的退货率，2020年直播带货女装退货率更是近60%，而在传统门店零售中，服装的退货率不到3%，这也印证了直播带货带来的冲动消费及平台数据的不确定性。

同时，"直播带货"中的消费问题频现，产品质量、售后问题、主播虚假宣传问题、平台数据造假问题等，不仅影响了公众的消费体验，也损害了商户的利益，诸多"直播带货"造成的"两头坑"事件频频引发舆论争议。

北京市消费者协会在去年针对电商"砍单"、大数据"杀熟"、捆绑搭售、个人信息以及乡村居民网购等互联网消费热点问题开展系列消费调查。体验调查选取淘宝、天猫、京东、苏宁易购、拼多多、小红书、蘑菇街、抖音、快手和微博10个直播平台作为体验调查对象。体验人员以消费者身份在每个直播平台各进行3次模拟购物体验，共完成30个直播带货体验调查样本，在30个直播带货体验样本中：

有9个样本涉嫌存在证照信息公示问题；

有3个样本涉嫌存在虚假宣传问题；

有1个样本执行"7天无理由退货"不到位。

体验调查还发现，部分直播带货商家虽然标注"退货包运费"，但退货时实际支付12元运费，商家只补贴10元运费；部分微博直播带货过程中，除了主播语音介绍，平台和商家页面没有任何商品的文字或图片信息；个别直播带货商家要求先交定金，并提示"我已同意定金不退等预售协议"，否则无法提交订单。

更严重的是，线上平台存在刷单等违规操作，不仅影响了真正的买卖双方的交易平衡，还严重攫取平台流量推荐，通过刷单和好评，将流量向己方倾斜。

"直播带货"，只是一种销售方式，一个推销渠道，它不是万金油，谁用谁见效；它更不是救心丸，一服就灵验。

有关直播带货，有这么几点建议供参考：

（1）凡事不可一哄而起，一刀切，目前还没有普世良药可以包治百病。任何企业的兴起一定有它的前因后果，不能只看到人在花前笑，而不去看人家在漫长的时间里付出的百倍辛苦和积淀。盲目地跟随，一定会事倍功半。

（2）任何企业、任何产品都有其文化及特殊性，一定要知道"我是谁"，适合别人的东西不一定适合你，"东施效颦"只会使自己失去根本且成为大众吐槽的对象。

（3）对于产业集群地来说，直播平台可以直播卖货，也可以推广当地文化，也可以宣讲品牌故事，也可以演示悠久历史。关键在于如何借助这个平台，找到自己的个性，找到自己的文化符号，找到自己与他人的不同，量体裁衣，你才可以利用这个平台并在这个平台赢得掌声。

（4）线下实体店或实体场景（如果园）是保证线上流量和粉丝的关键，脱离开线下支撑的线上直播很难成功，或难以持久。只有线上与线下的高度融合，你的线上投入才会有回报，你的坚持不懈才会有结果。

（5）创新，始终是推动时代进步的动力。对企业来说"直播带货"可以做，但要看你怎么做，靠价格战拼流量、拼粉丝，一定不会长久。这种模式已走过四年，它需要完善，需要更新，消费者也在从盲从中清醒。我们的企业家要学会在纷繁中认识自己，在嘈杂中保持定力。观摩但不艳羡，借鉴但不跟随，学习但不重复。结合自身个性，大胆创新模式，你，才不会为别人的炫耀去买单，才不会成为茶余饭后的笑柄。

（6）互联网的世界需要个性而不是重复，"喜新厌旧"，一定是这个时代人们无底线的追求，做自己，你才会成就自己！

—2020年7月22日

○ **服装企业转型路径的思考** ···

　　根据国家统计局数字，截至2019年12月，服装行业规模以上（年主营业务收入2000万元及以上）企业13876家。保守估计，此数量只占中国服装企业数量20%，也就是说，如果把占80%的中小微企业计算在内，服装企业总数应不少于6万家，年产量更是突破450亿件。这是中国服装产业在经历了40年"野蛮"生长后形成的庞大产业规模。

　　当时间的指针指向2020年，突如其来的疫情造成的封闭、仓促升级的数字化进程带来的尴尬和阵痛、日益恶化的国际环境所导致的出口断崖式下跌、消费升级带来的需求侧改变，消费方式转变所引发的渠道变化等因素，极大冲击和改变了服装人的传统思维方式，倒逼企业重新审视这个市场，重新思考企业发展方向及转型的意义。

　　清华长三角研究院民企研究中心民企治理专家曾水良认为，中国民企要想从根本上解决生存和发展问题，必须解决制约企业生存和发展的三大基本瓶颈问题，即企业家素质转型、管理转型和产业化战略转型。

　　毋庸讳言，对于知识结构普遍偏低的众多服装企业家来说，企业转型首先需要勇气，要树立战略转型意识，突破观念障碍，处理好当前和长远的关系、风险和机遇的关系、品牌与企业长远发展的关系、产品创新和短期需求的关系、设备改造与企业数字化进步的关系、家族管理与现代企业管理模式的关系、共赢与多赢的关系等。

1. 从"多元化经营"向"归核化经营"转型

历史条件今非昔比，企业战略宜"归核"。企业多元化有它历史的合理性，历史的合理性必然也意味着历史的局限性。

昔日的中国驰名服装品牌杉杉，通过郑永刚和他的团队10年的不断调整和突破，已经不再是单纯的西服制造商，而是通过整合各路资源的方式将触角伸向了新能源、高科技甚至建设科学园区等诸多年轻的产业，拥有了众多银行和基金的股份，成为一个多元化控股公司。

庄吉，曾经的著名服装品牌，温州的标杆企业，2006年看上了造船业丰厚的利润，开始大规模投入，不过十年，2014年10月至2016年1月，温州庄吉服装销售有限公司、温州庄吉集团工业园区有限公司、庄吉集团有限公司、温州庄吉置业有限公司、浙江庄吉船业有限公司、温州远东船舶有限公司六个企业相继向温州中院申请破产，最终被山东如意收购。

当市场竞争比较弱的时候，企业使出两三成力气就可能获得成功，当竞争越来越激烈的时候，企业把所有的力气都用在一点上也可能只是获得了生存的空间。

随着大批原来的外贸企业转向内需生产，使得本已竞争激烈的市场更趋白热化。此时企业应重新审视自身业务链条，放弃不具备核心优势的行业，回归主业，提高专业化经营的程度，走向归核的道路。在新的生存环境下，以退为进，首先做强、做精，是进一步做大的必经之路。

2. 从"跳跃式战略"向"可持续发展战略"转型

与我国经济高速增长的背景相适应，这些年有太多的企业心态浮躁，希望超常规、抄近路、跳跃式发展，短期内打造巨型企业。譬如：从2007年包括百丽、如意、复星、歌力思、森马在内的国内服装企业开始大规模收购国际品牌，谋求扩张。由于企业管控能力架构与扩张速度不相匹配，文化提升与品牌扩张不相匹配，加之收购"初心"更多的是为了"借鸡下蛋""借船出海"，缺乏对品牌文化差异的了解和国际化的运营团队，造成企业抵抗风险能力差，一遇到"风吹草动"，就可能因此被拖累，收购，成为昙花一现，被收购的品牌入籍不久即死掉或被转卖。

2007年，百丽国际以4800万美元收购了斐乐（fila）中国区的经营权。但由于经营不善，fila在中国区连年亏损。2009年，百丽国际将这个烫手山芋转手卖出，"接盘侠"就是安踏集团。

森马服饰2020年7月20日发布公告称，为降低公司经营风险，避免公司业绩遭受更大损失，集团决定将刚收购两年的法国童装品牌公司Sofiza进行出售。

而可持续发展的企业，是着力打好企业基础，追求成长速度与成长质量、扩大规模与增加效益、企业效益与社会责任、有形资产与无形资产增长的有机结合。有许多服装企业着急上市，着急去做世界500强，还不如踏踏实实做足100年。随着社会环境的变化，企业面对着变化迅速的环境很难适应，而且随着众多企业失败现象的出现，如何使企业保持，而且使企业在末期中依然取得良好的发展势头，越来越引起企业的重视。

企业的可持续发展是指企业在追求自我生存和永续发展的过程中，既要考虑企业经营目标的实现和提高企业市场地位，又要保持企业在已领先的竞争领域和未来扩张的经营环境中始终保持持续的盈利增长和能力的提高，保证企业在相当长的时间内长盛不衰。它不仅要求企业发展，同时要求企业末期的发展。因此要求企业具有一种促进可持续性发展的机制，"静心去躁"，要综合考虑各种管理要素和外部环境的综合协调，只有这样才可能从总体上把握企业的可持续性发展。

3. 从"低成本战略"向"差异化战略"转型

中国服装企业近6万家，虽经四十余年发展，打造出的著名品牌却不足千分之一。仿冒、抄袭、低价竞争严重，已经成为这个行业的"规则"，使得最初专注产品开发的企业因被仿冒或被抄袭造成产品成本提高，而不愿去坚守开发。纵观服装市场，产品同质化严重，依旧是一个不衰的话题。

商品生产重合度过高导致商品市场供过于求，是制约中小企业发展的最主要因素，所以，采取差异化战略是中小企业必需的、首要的发展战略。当一个企业向其客户提供某种独特的有价值的产品而不仅仅是价格低廉时，他就把自己与其竞争对手区别开来了。差异化可以使企业获得溢价，即使在周期性或季节性经济萧条时，也会有大量忠诚的客户。

如果实现的溢价超出了为使产品独特而追加的成本，则差异化就会带来更高的效益。

目前我国经济面临着结构调整和产业升级的巨大挑战，同时供给侧向需求侧转换，内需不足的问题成为摆在人们面前的一道难题，产品的结构性过剩：低技术含量、低附加值的产品供给过剩和高技术含量、高附加值的产品供给不足同时并存。服装领域价格战此起彼伏，电子商务特别是各类直播带货平台的渗入，更加剧了企业间的价格竞争。要摆脱困境，走出价格战的怪圈，使企业竞争在更高的层次上进行并获得竞争优势，必须不失时机地实施新的战略——产品差异化战略，为此应采取相应的策略。

4. 从"弱、小、散"向"提高产业集中度战略"转型

中国的服装企业80%属于中小微，它们又大多集中在华北、华东、东南沿海各产业集群地。

各地产业集群地可以尝试中小企业之间联合兼并，强化产业集中度，兼并和收购是企业联合的雏形，通过兼并和收购，企业可以扩充技术力量和生产能力，实现低成本扩张，达到规模经济，从而降低成本，扩大品牌的辐射能力。要把彼此在空间上接近，经济活动高度密集，生产工艺相近、或产品相关，或具有厂房、设备、土地等资产优势的中小企业进行兼并，组建企业集团，使企业由小变大，由弱变强。这样便促进了中小企业间的分工协作，资源与信息的互补，优化供应链，从而使单个企业节约了资源，并获得规模经济效应等优势。通过联合重组，发展循环经济、持续创新、节能降耗，以强大的国内企业来抵挡外资的渗透和对国内市场、资源的控制，保证产业安全。

提高集中度，第一是可以借助发达的互联网、物联网优势，加快实现传统产业的数字化进程，并以此为基础实现规模化生产、发挥经济规模效益、合理配置资源的需要；第二是有利于产业提高自主创新能力、开发技术和市场，适应全球化的要求，提高国内外两个市场的竞争能力、不断发展壮大；第三是可以减少企业间无序竞争，保持产业持续健康发展，促进产业由大到强的转变，使之成为具有国际竞争能力的现代化工业的保障。

中国服装产业在2020年终于走到了一个节点：在新环境、新技术、新渠道、新时尚、新消费、新动能条件下的一次品牌再定位，方向再梳理，供应链重构及产业结构再造。

—2020年7月22日

○ 河北服装，跨境电子商务带来的机遇和应对

　　跨境电子商务是指分属不同关境的交易主体，通过电子商务平台达成交易、进行支付结算，并通过跨境物流送达商品、完成交易的一种国际商业活动。

　　跨境电子商务作为推动经济一体化、贸易全球化的技术基础，具有非常重要的战略意义。跨境电子商务不仅冲破了国家间的障碍，使国际贸易走向无国界贸易，同时它也正在引起世界经济贸易的巨大变革。对企业来说，跨境电子商务构建的开放、多维、立体的多边经贸合作模式，极大地拓宽了进入国际市场的路径，大大促进了多边资源的优化配置与企业间的互利共赢；对于消费者来说，跨境电子商务使他们非常容易地获取其他国家的信息并买到物美价廉的商品。

　　2020年5月6日，国务院同意在雄安新区等46个城市和地区设立跨境电子商务综合试验区，至此，从2015年3月至今，国务院共分5批在104个城市批准设立了"跨境电子商务综合试验区"（以下简称"试验区"），其中在河北设立的情况如下：

　　2018年7月24日"中国（唐山）跨境电子商务综合试验区"设立。

　　2019年12月24日"中国（石家庄）跨境电子商务综合试验区"设立。

　　2020年5月6日"中国（雄安）跨境电子商务综合试验区"设立。

　　容城，作为雄安新区的核心区域，是全国最主要的服装产业集群

地之一，服装产业规模占全县 GDP 的 60% 以上，其产能的 50% 源于出口订单。但从 2017 年开始，随着国家对雄安新区的产业定位变化、中美贸易战及持续的新冠肺炎疫情带来的影响，出口需求断崖式下跌，传统产业转移又势在必行，容城的传统支柱性产业遇到了前所未有的冲击。

石家庄，在中国服装的版图上声名一直很小，然而，伴随着近几年裤业的全线突起，作为裤装企业集群化特征比较明晰的地域，开始逐渐建立自己的坐标：石家庄正在竭力打造一个继福建石狮之后的北方男裤之都。然而，随着消费升级及低端批发市场的退出，石家庄 800 余家裤装企业产能如何疏解？产品如何升级？一时成为产业之痛。

容城和石家庄，只是河北庞大服装产业的缩影，试验区的设立，给两地服装产业带来了新的发展机遇，那么，如何赋予其转型动能，如何借此推动企业走上品牌之路？进而带动和倒逼河北服装产业升级？

（1）出台政策、营造环境，构建配套服务及监管体系，是政府职责，更是跨境电子商务得以推进并落地的关键。

电子商务出口在交易方式、货物运输、支付结算等方面与传统贸易方式差异较大。现行管理体制、政策、法规及现有环境条件已无法满足其发展要求，主要问题集中在海关、检验检疫、税务和收付汇等方面。各地政府应积极协调相关部门从大局着眼，尽快制定相关流程，建立和完善与跨境电子商务相配套的服务体系，为新商业模式的起步及发展打下基础。

同时，各级政府应根据当地产业及基础设施状况，建立实体"跨境电子商务产业园"，为项目可持续发展创造条件。

（2）抛弃惯性思维，立足长远，积极引导企业开展跨境电子商务，应该是当下行业协会首要职能。

行业协会的基本职能就是服务和引领，对于当下的雄安、石家庄服装行业协会来说，跨境电子商务综合试验区的设立，为当地产业向纵深发展创造了条件，协会在此责任重大，应打破传统思维模式，创新工作方式，抓住机遇，充分用好用活当地政策，引领生产企业借助跨境电子商务平台，积极开展B2B或B2C业务，以此大幅降低企业运营成本，同时促使企业在产品开发上下功夫，倒逼企业由生产型向品牌型转变，以加快河北服装品牌发展之路建设。

（3）试验区的设立是传统产业转型的契机，品牌发展的助推器，服装中小企业对此应有清醒的认识。

从各大跨境电商销售平台产品数据来看，无论是服装、电子还是其他产品，它们都有一个共同特点：同质化现象严重。高度同质化的产品使得企业很难形成自己的品牌。商品附加值极低、可替代性极强，最后只能依靠价格占领市场而不是质量、服务、特色在市场生存，这样只会使企业的利润降低，生存愈加困难。

中小企业在利用跨境电子商务发展自身贸易的同时，应该清楚地认识到品牌的力量，在B2B或B2C业务中，注重发挥企业加工生产的品质优势，依靠自身的形象，以及品牌形象来吸引消费者。更应该用发展的眼光去看待问题，注重企业品牌的建设，扩大其影响力，企业的知名度和品牌度的提高，才能使我们的中小企业在国际竞争日益激烈的今天站上国际市场的舞台，更稳定地开展跨境电商活动，为自身带来更大利润空间和上升空间。

（4）重视电商人才的引进和培养，是试验区持续、健康、高速发展的前提。

跨境电子商务进程的不断推进伴随的是企业对于专业电商人才的渴求，而跨境电商的从业人员，必须拥有外贸业务能力和电商操作能力，还需兼备国际贸易政策、国际物流、外贸英语等一系列能力。由于目前我国这类人才的培养还不成熟，再加上中小企业本身规模小、实力弱、发展空间小的局限性，难以吸引相对紧缺的较高技术水平、较强业务能力的高级跨境电商复合型人才。

重视人才的引进和培养从本质上说来，企业间的较量实际上是人才的对抗。对于政府部门，其重心要放在强化电商外贸人才的培养，加大对电商应用技术的投入，创设符合外贸电商人才的培养机制，制定吸引外来优才的奖励政策及配套措施，舍得花钱"筑巢"才能敞开"引凤"。

同时，中小外贸企业要对人才结构进行适当调整，一方面加大内部员工培养力度，选派骨干参加跨境电商操作培训，培养专业顶尖业务人才；另一方面，引进跨境电商专业人才，可以招一些海外生活过的员工，熟悉海外的生活方式、消费习惯，更好地拓展海外市场，不断充实人才队伍。

网络是一个没有边界的媒介体，具有全球性和非中心化的特征。依附于网络发生的跨境电子商务也因此具有了全球性和非中心化的特性。电子商务与传统的交易方式相比，其一个重要特点在于电子商务是一种无边界交易，互联网用户不需要考虑跨越国界就可以把产品尤其是高附加值产品和服务提交到市场。任何人只要具备了一定的技术手段，在任何时候、任何地方都可以让信息进入网络，相互联系进行交易。

跨境电子商务试验区的设立给企业及个人都带来了新的发展机遇和再创业平台，我们应以此为抓手，借助数字化时代红利，以鲜明的中国文化符号融合创新的产品设计，吸引并带动境外B2B（B2C）交易，促进生产模式升级，推动河北服装产业转型升级，以适应更广大的"内循环"市场需求。

—2020年8月30日

○ 网络发展与中国服装品牌建设的思考

当时间指针拨回2020年，突如其来的疫情造成的封闭、线下零售几乎停滞，仓促开始的数字化进程所带来的尴尬和阵痛、日益恶化的国际环境所导致的出口断崖式下跌、消费升级带来的需求侧改变，消费方式转变所引发的渠道变化等因素，极大冲击和颠覆了服装人的传统思维方式，倒逼企业重新审视这个市场，重新定义企业发展方向及转型的意义。

2020年，线上经济、无接触式消费等新模式备受推崇，网络直播向中国经济社会全方位渗透，公众号、小程序、直播间等社群营销逐步主导服装零售市场，淘宝、天猫等传统电商平台依托流量优势迅速在直播电商市场抢占鳌头，抖音、快手等直播平台纷纷加大电商业务布局，服装市场线上消费潜力得到极大释放，2020年我国服装电子商务B2C市场交易规模突破1.96万亿，同比增长6%，服装已经连续多年成为网络销售的第一大品类。

鄂尔多斯、海澜之家、太平鸟、森马、茵曼等快时尚品牌，更是走在数字化转型最前端，发力数字化业务，布局线上线下智慧零售体系，构建基于多端跨场景的全域营销、全域获客、全域洞察智慧零售供给体系，助力国内服装品牌价值快速提升，带动服装新品牌强势崛起，网络的发展使得中国服装品牌影响范围得以快速辐射全国甚至全球，数字技术已经成为品牌发展的强大助推器。

然而，当我们从另外一个角度审视近两年的服装网络营销时会发现："直播带货"已经成为中小服装企业主要营销手段，企业在直面消费者加快库存消化的同时，一些企业为了获取流量关注，无底线低价竞争、虚假宣传、以次充好、流量造假，严重扰乱了正常的市场秩序，高退货率和投诉更是比比皆是。

直播带货的数字也越来越夸张，五分钟售罄300万元，一小时带货5000万元，一场直播带货3亿元，各种新闻标题在刺激着大家的神经。如今，企业如果不做直播，单场直播不破亿元，你都不好意思和人打招呼。

2020年6月，某地举办服装直播日，当晚在线观看人数超过1500万人次，可谓"一片欢腾"，订单量也达到50万单，交易总额超过3400万元。可当我们静下心来梳理这些数字的时候，却发现客单均价不足70元。难道这就是企业希望获得的收益吗？难道此次直播获得的流量和关注可以在日后转化为品牌消费对象吗？难道不足70元的客单价可以让企业维持延续吗？答案显然是NO。

我们充分肯定网络带来的红利，但线上的可持续发展一定基于线下实体的支撑。我们呼吁企业回归初心，清醒地认识到"网络营销"不是万金油，只是传统营销渠道的补充，企业应放弃"挣快钱"的思维。

"浮躁、为流量无底线，挣快钱"已经成为"众生相"，由此导致的长期低单价，必然造成企业利润率缩窄，企业产品研发投入意愿降低，企业进而失去发展动力，拖累整个行业的发展进程，网络治理刻不容缓。

2021年5月8日国家网信办部署开展2021年网络"清朗"系列专项行动，将通过整治网上历史虚无主义、整治未成年人网络环境、整治PUSH弹窗新闻信息突出问题、整治网上文娱及热点排行乱象等8方面内容，在全网开展"大扫除"，力求有效遏制网络乱象滋生蔓延。

中国服装行业的网络营销生态治理工作是否也应该由此开始？中国服装电子商务在经历了十三年的飞速且无拘束的发展之后，是否也该收一收缰绳？是否参照国家网信办政策制定"服装行业电子商务行为指导意见"。良好的网络生态，可以加快品牌传播，助力品牌持续发展；同时，优质的品牌可以为网络增添底蕴，为消费者提供更优质的购物体验，促进网络健康发展。

我们的职能部门、协会、媒体是否应该少一些附和、喧嚣，给我们的企业创造一个安静向上的网络环境，也许我们还可以给这个行业发展带来希望，给品牌进步提供生长空间。

回首四十余年中国服装的发展，成果斐然，但问题频现，发展走到了瓶颈，制约产业进步的深层次矛盾依然存在；服装行业虽经历了四十余年的发展，却没有一个服装品牌在经历四十余年发展之后成长为著名品牌。

2021年是"十四五"开局之年，五年，弹指之间，中国服装产业应该如何抓住这关键的五年，推动这一传统产业由要素型发展向品质型主导转变，促进服装产业由中国制造向中国品牌发展？

我们需要营造健康和良性的网络生态环境，使数字技术真正赋能品牌可持续发展。

我们需要在行业内大力倡导和弘扬"工匠精神"让企业静下心来，心无旁骛，在垂直领域深耕。

我们需要从政策和法律的角度为企业营造环境，鼓励和服务企业以品牌发展为导向，在设计研发上加大投入，服装产业才可能高质量发展。

我们需要建立中国的服装品牌评价体系，以科学、严谨、专业、权威的要求，打造国际认同且可参与的服装品牌可持续联盟。

我们需要以5G技术为基础，以前瞻性的发展眼光，加快制定服装行业全链条数字化标准，并通过参与国际交流，使之成为中国在国际时尚领域话语权的基础。

产业的发展需要大的环境，行业的进步则需要良好有序的氛围。

—2021 年 5 月 12 日

○ 英国时装协会打了谁的脸

从抄袭、仿冒、"进步"到蹭热点、蹭流量，直至直接拿来贴在脸上，对知识产权无底线的侵犯，在服装行业是否还要继续?

1. 那一天我曾激动不已

2021年5月20日，一则新闻让我在这特殊的"520"日子里感受到了来自"大英帝国的关爱"，不由得浮想联翩，夜不能寐，难道我们这么快就与"四大时装周"接轨了? 以下是那则让我辗转难眠的新闻摘要：

"5月20日，2021伦敦时装周FASHION SCOUT中国行暨第二十二届中国江苏（常熟）服装服饰博览会正式拉开帷幕。'2021伦敦时装周FASHION SCOUT中国行'活动是常熟与中国民族贸易促进会在时尚产业中首次合作，常熟服博会已成功举办了21届，此次携手伦敦时装周FASHION SCOUT的创新亮相，也为常熟服博会的品牌IP注入了新鲜血液，绽放全新活力。"

2. 伦敦时装周

1984年开始的伦敦时装周，英国的明星、皇室和政客都为此出过力，甚至包括那位被叫作"铁娘子"的玛格丽特·撒切尔，她在20世纪80年代对时装周表达了格外的关切。

伦敦时装周是国际四大著名时装周之一（即米兰、巴黎、纽约、伦敦），在四大时装周中，伦敦时装周相对其他三个来说一直名不见经传，不论是规模、影响力、成交额等都屈居最后。

创办于1983年的英国时装协会（BFC）是一家由业内赞助商出资的非营利性有限公司。英国时装协会是伦敦时装周的主办方并且负责举办"莱卡英国风尚大典"，这是英国年度顶级的时尚盛典。

3. 一则声明带来的尴尬

2021年5月21日，英国时装协会（BFC）发布声明称，英国时装协会及伦敦时装周与日前江苏常熟举行的"FASHION SCOUT中国行暨第二十二届中国江苏（常熟）服装服饰博览会"没有任何关联。该机构强调，本届伦敦时装周由英国时装协会与Clearpay携手呈现，将于2021年6月12日～14日举行，该活动在中国的官方合作伙伴为京东与FASHION ZOO。

看到这个声明，我的手死死地按在心脏上，唯恐这颗脆弱的心再次受到伤害……

常熟拥有从纺织、印染到服装的全产业链条，经过四十年的发展，具备从设计到物流运输的全流程服务行业，成功孕育出像波司登、日禾戎美等全球知名品牌。

此次活动之前，各媒体做足了宣传，可谓大张旗鼓，可见服装产业在常熟的地位。

然而，不知是对国际时尚常识的缺乏，还是主办企业的肆无忌惮，在这个互联互通的世界，依然明目张胆侵犯他人知识产权，哪曾想，打脸竟然来得如此之快？

4.管窥中国服装业知识产权现状

四十余年，伴随着中国服装业发展，"抄袭、仿冒、假冒、造假、傍大牌、蹭流量"等涉及知识产权问题在品牌发展过程中层出不穷且积重难返。

当下，时尚知识产权侵权屡见不鲜，原创设计师品牌新品一出，网络上就有上千家仿款"腾空出世"，有的高调照单全抄；也有的在此基础上对某个设计元素简单修改，妄图打个擦边球；更有嚣张者借"合作"之名，行侵权之事，在被设计师诉诸侵权后反而倒打一耙，以"诽谤罪"起诉设计师。这些无视知识产权的行为不仅严重挫伤了设计者和企业的创新积极性，并且十分不利于时尚产业的健康良性发展。

2020年，全国涉及服装的知识产权案件4820件，其中民事案件3520件，占比73%，行政案件1300件，占比27%（数据来源于《中国服装行业知识产权保护白皮书》）。

5.中国服装业知识产权希望

我国正处在从知识产权引进大国向知识产权创造大国转变的重要阶段，从中央到地方，从时尚领域到各行各业，都在积极贯彻落实《关于强化知识产权保护的意见》，加强知识产权保护力度，健全知识产权保护体系。

2018年，中国服装设计师协会经过对国内外时尚产业广泛而深入的调研，在广大会员和合作伙伴的支持下，率先启动了时尚行业的系统化知识产权保护工作。2019年以来，针对时尚产业的现实需求与中华商标协会联合、成立了中国时尚知识产权保护中心，搭建了保护中心线上平台，举办了中国时尚产业知识产权大会等一系列活动，旨在保护原创、鼓励创新、努力做好高品质的"走出去"与"引进来"工作，创建时尚产业新生态。

2021年4月25日，由北京知识产权司法保护研究会专家智库成员领衔撰写的《中国服装行业知识产权保护白皮书》正式发布。

时尚产业的良性发展离不开知识产权保护下健康的产业生态。如何通过知识产权保护赋予创新设计产品原动力，有效激励时尚产业实现高质供给与创新发展，这是地方时尚产业发展的关键。

中国服装行业亟须行动起来，以普法和执法为目的，来一场轰轰烈烈的"尊重知识产权，保护创新发展"的运动。

正如中国服装设计师协会主席张庆辉所言："当前，中国时尚产业正处于构建中国时尚话语权，建设时尚强国的关键期，营造保护创新的行业新生态尤为重要。如果没有创新，就很难谈可持续发展，没有创新，时代也就不会进步。只有创新没有对创新的保护，那么创新本身的价值就会被削弱，创新者的动力也会被弱化，最终影响到创新本身。"

中国时尚产业知识产权保护工作任重而道远！

—2021年5月22日

○ 由 Chanel N° 5 想到的

日前，一篇 LADYMAX 文章"为何 Chanel 要为 N° 5 香水买地？"让我阅读后默默无语……

自 1921 年 Chanel N° 5 香水推出至今 100 年，曾创造出的美容业传奇，历经百年已然成为 Chanel 最重要的品牌遗产。品牌通过对其不断的包装推广，让 Chanel N° 5 成功在全世界消费者心中留下烙印，成为包括中国女性在内的消费经典。2020 年香水为 Chanel 贡献了三分之一的收入，而 Chanel N° 5 作为公司旗舰产品在整体香水市场中的市场份额也一直处于领先地位。

一个单项产品可以被欧洲企业持续打造 100 年，且一直成为消费的经典，我为之震撼，因之惭愧，更因此羞愧……

回首我们的绝大多数企业，无论线上还是线下，在产品开发上，时刻思虑的是如何打造"爆款"，如何一夜暴富，如何短时间走红。"浮躁，抄袭，蹭流量，傍大牌，挣快钱"比比皆是，为圈粉、获流量可以无底线，已经成为产业生态。

在一切趋利的心态下，没有人再愿意沉下心来做研发，静下心来搞创新。有的甚至以为做品牌只要起一个好的名字，粘贴一些编纂的辞藻就可以称为品牌文化，然后靠炒作就可以成为"名牌"。

当你抱着以上心态做品牌时，就不要在媒体上宣讲自己所谓的品牌"文化"，因为，你所说的"文化"不过是无知的意识，你的宣讲只会污染"文化"二字。

"十四五"规划纲要首次提出"开展中国品牌创建行动"，我们建设品牌强国比以往任何时候都更有方向、更有底气、更有力量。

推动企业加强品牌引领，充分发挥品牌在改善供给结构、提高供给质量的引领作用，大力倡导品质立牌、科技创牌、匠心护牌的企业精神，让品牌意识扎根企业每一名员工心中，贯穿每一道生产工序，渗透每一个价值创造链条，是我们现在乃至今后很长一段时间需要做的事。

让中国制造走向世界，享誉世界，获取产业话语权，需要品牌的加持。

而"品牌需要时间，技术需要积累，文化需要沉淀"，具有开创性意义的产品在夜以继日的营销加持下，成为经典从来都只是时间问题。只有发挥中国人的韧性，持之以恒，以工匠精神打造品牌，企业才会持久，企业才会获取品牌带来的溢价。

中国需要强大的产业，更需要百年品牌的支撑！

—2021年9月2日

○ 盖娅传说与云朵艾杨合作的背后

作为2021中国国际时装周官方首秀，盖娅传说·熊英于2021年9月3日在北京艺术地标751D·PARK，成功举办了2022春夏系列"乾坤·方仪"发布会。这是品牌的第四场大秀，一如既往地将中式美学意境与西式时尚剪裁完美融合，用服装承载国风文化，向世人传递中国风的魅力与风采，呈现出国际顶级艺术水准的服饰秀演。

我们关注到，走秀临近尾声，一位仙女手捧一只精美的古韵梳妆盒，轻移莲步，款款而出，顿感：摇曳生姿，清香扑鼻。

盖娅以这种方式昭告与"云朵艾杨"合作由此开始，并在随后的官方微博发布了此消息，"相见山川湖海，相识江湖人间"，盖娅传说与云朵艾杨开启了一场完美的跨界旅行。

云朵艾杨与盖娅传说以图腾"凤衔灵芝"为创意，联名共创——凤衔灵芝高定礼服、凤衔灵芝礼盒，将东方印象搬上了盖娅传说的秀场，匠心缔造，蕴天地灵气，从这场东方艺术展中可以窥见，跨越千年的东方之美。

盖娅传说基于中国"非遗"工艺和西式轮廓剪裁，把国风艺术运用到服装里，每件作品均选取上等材料、辅以高级工艺，精雕细琢，力争呈现出中国设计与中国制造最上乘的品质和精妙之处。品牌分为高奢秀款、高级成衣、新风国潮三条产品线；原创IP、商务礼服、生活度假、企业形象服、联名限定五大产品系列，全面满足高品位女性各种场景下不同生活方式的需求。

云朵艾杨，是一个因爱而生、为爱传承的护肤品牌。传承祖辈草本护肤的制作工艺，产品有故事、有温度，简单、温和。在一草一木间给予肌肤最纯粹的一切。

盖娅传说与云朵艾杨在中国千年文化里发生了碰撞，找到了两者的契合点，同源互补，两者的合作无疑在回应和引领当代消费女性的完美诉求。

同时，我们注意到，近年来IP授权商品在全球的市场规模逐步扩大，其中，中国授权市场增长快速，有很大的发展空间和潜力。"IP带货"已成为一种消费增长点。品牌授权作为一种跨界合作的商业模式被广泛认可，日益丰富的授权商品，已覆盖人们生活方方面面。

当下，越来越多的消费产品或服务商选择与IP版权方跨界合作，为企业带来新的消费群体及销售收入增长。通过新商业模式实现文化产业带动传统产业赋能与升级，在拉动内需消费同时，亦促进中国文化的守正创新。

盖娅传说与云朵艾杨的联名合作无疑会成为这场IP大潮的弄潮儿。

千禧一代和Z世代推动着中国消费趋势由物质需求到精神需求的升级，这种消费升级的最终形式是文化消费，而IP授权产品就是把文化与物品结合在一起的一种产品形式。在从规模化到个性化的新消费时代，IP所表现出来的价值对消费的引导力愈加明显，品牌IP营销大势所趋。

人们对时尚的需求，从来没有像今天这样碎片化、个性化、品质化、便捷化，并承载更多的文化和情感的融入。

"盖娅传说""云朵艾杨"，两个具有鲜明国风属性的品牌，近几年的快速兴起，令时尚界侧目。其背后，有对千年中华文化传统的理解和认知的共识，有对其完美诠释的能力，更有年轻一代文化自信和个性张扬的需求。

——2021年10月7日

○ 2022 年，中国服装产业展望

　　拥有 17 万家制造企业，从业人员 826 万人，总产量约 712 亿件的中国服装产业，从庚子年开始，正在经历一场蜕变，时至今日，这场蜕变已经由最初的不得已而为之，转变为全体服装人深度参与的产业革命。

　　在这全新的发展时期，我国服装行业要厘清产业在新时代的方位与定位，明晰未来发展所肩负的任务和使命，凝聚起业内外发展力量，把服装强国建设推向新高度。而这一切的达成，需要我们有前瞻性的眼光和开放的胸怀，去审视我们将要面临的问题。

　　2022 年，我们也许会面对：

　　（1）受全球疫情持续及供应链影响，国外订单回流成为必然，出口依旧会保持增长态势，但出口企业利润呈下降趋势。

　　（2）受疫情及管控政策影响，线下流量不断被打压，内销市场持续疲软，同时网络购物深度挤压线下销售，实体店步履艰难，未来一年会出现关店潮。

　　（3）消费升级与持续不断的疫情叠加，在供应链重塑的背景下，服装产业产能被逼优化，大量小微企业退出市场。

　　（4）受原材料、能源、人力成本不断增高的挤压，"数智化"将深刻影响规上企业转型，随之而来，中国服装产业工人队伍的重塑将由

此开始。

（5）在国家"专精特新"政策的鼓励下，大量出口企业借助设备、管理及整体的技术工人队伍优势主动转型，服装产业及单品类服装质量都将迈上一个新台阶。

（6）品牌进步，在这个时代显得如此急迫，新的一年，知识产权教育在服装产业普及，推动了企业在创新、研发上的投入，助力国货品牌的升级增值，同时，建立服装知识产权保护机制显得越来越紧迫。

（7）服装产业的韧性和特点，将吸引更多的资本加入，科技投入在服装产业投资占比将稳步提升。科技，开始深刻影响这个古老而传统的行业。

（8）在经历和经过2020年、2021年两年网络化、数字化转型推动的基础上，服装产业工业互联网平台在2022年初具规模，同时，云平台的便捷将加快产业园、创意园区、产业集群的重塑。

（9）"双碳"及"可持续"目标正在深度影响和带动产业进步，"新材料、新工艺、新功能"在未来的一年将被企业大量地应用，服装企业从没有像今天这样主动牵手创新，拥抱未来。

借助数字化领先优势，中国服装产业软实力的提升在加快推进。建立中国主导的品牌评价体系，谋求在国际上的时尚话语权，中国服装品牌与服装大国地位相衬等，这些终将成为这一代服装人的梦想。

四十年粗放型发展，现在，我们需要补的课太多。

2021年10月《中国服装行业"十四五"发展指导意见和2035年远景目标》发布，路径清晰，意愿鲜明，前途美好。如何落地？如何转化为全体服装人的动因？我们或许还要思考太多，面对太多，做太多的工作。

2022年，正在清晰地向我们走来，你，准备好了吗？

——2021年11月6日

○ 知识产权对服装行业发展的现实意义 ·····························

在市场需求增长不及预期、国内疫情汛情冲击以及基数效应减弱等因素的影响下，行业增速持续放缓。展望未来一年，疫情反复、成本上涨、供应链产业链不够畅通等因素均会给企业盈利持续恢复造成较大压力，企业步履艰难，员工收入必然受到影响，随之带来消费信心降低。

在此背景下，企业如何向创新转变？如何培育新动能？如何培育新型消费？如何才能扩大内需？

当下，线上经济、无接触式消费等新模式备受推崇，网络直播向中国经济社会全方位渗透，公众号、小程序、直播间等社群营销，淘宝、天猫、京东等传统电商平台依托流量优势迅速在直播电商市场抢占鳌头，抖音、快手等直播平台纷纷加大电商业务布局。

普通百姓在收入不稳定的焦虑下，消费越来越多地向线上集中，而此时的消费者购买标准是无下限的"物美价廉"，线上众商家为了获取关注，获得流量，延续生存，更是彼此竞价，不惜血本厮杀，这是中国庞大的产业规模供给侧带来的"消费场景"。

改革开放四十余年服装产业野蛮式的增长，没有带来行业整体素质的提升，大量在市场开放初期盈利的企业抛弃主业，转入跨界经营，再次示范了赚钱的"目的"是寻找更快速更便捷盈利的空间，服装行业只是一个致富门槛最低的选择之一。几乎没有哪个企业愿意在这个主业上垂直深挖，以工匠精神打磨品牌。

同时，无论在高等教育、行业教育、职业培训、社会宣讲方面，我国知识产权教育及法律普及的滞后，没有形成社会及产业自觉的知识产权保护意识和尊重原创、保护创新的生态，使得在改革开放初期形成的"抄袭、仿冒、仿造"的惯性思维，在网络世界"进步"到蹭热点、蹭流量、虚假评论的升级，直至直接拿来贴在脸上，对知识产权无底线的侵犯，在行业成为常态，2020年，全国涉及服装的知识产权案件多达4820起。

互联网平台90%以上的企业利润被过度挤压，它们只能以数量、快钱为第一目标，抄袭、仿造成为快速兑现这一目标的首选，在此动因下，企业缺少或根本没有创新的意愿……

网络时代，人人都有一个造势的平台，人人都是舆论编辑者及传播者。品牌的创立和发展，知识产权的保护，从来没有像今天这样要面对来自虚拟与现实的冲击和考验。

2018年，中国服装设计师协会率先启动了时尚行业的系统化知识产权保护工作。2019年以来，针对时尚产业的现实需求与中华商标协会联合、成立了中国时尚知识产权保护中心，搭建了保护中心线上平台，举办了中国时尚产业知识产权大会等一系列活动，旨在保护原创、鼓励创新、努力做好高品质的"走出去"与"引进来"工作，创建时尚产业新生态，标志着中国服装产业知识产权保护工作进入了快车道。

而建全可落地实施、可操作的行业知识产权保护规范，建立"服装电子商务知识产权规则"，建立专业的保护机制，借助网络优势加大宣讲广度，加大督查力度、曝光强度，增加侵权人的违法成本，营造崇尚、尊重原创及创新的氛围，打造工匠队伍，建设时尚行业知识产区高地，则成为时下产业动能实现转换的焦点和难点，更是产业未来发展的基础。

无论可持续发展规划，无论"双碳"目标的实现，都有赖于未来行业对基础理论研究的投入，对新材料、新技术、新工艺的创新及应用深度，而这一切的保障，无不依赖于对知识产权的保护。

我国正处在从知识产权引进大国向知识产权创造大国转变的重要阶段，对于服装行业来说，加强知识产权保护力度，健全知识产权保护体系并形成全产业的共识，在今天显得如此急迫和重要。

—2021年11月15日

○ 2022 年，中小企业发展路径的思考

2021 年 11 月 16 日环球时报报道，目前的情况显示，包括世卫组织推荐的各款疫苗在内的所有广泛接种的疫苗保护率都有所下降，而且病毒还有进一步变异的可能性。这场针对新冠病毒的全人类战争还远未看到尽头，它对经济的影响以及对人类各种活动方式的塑造都将持续。

面对国内外疫情短时间内难以消除及国内对感染零报告的追求，时断时续的经营活动和生活状态，或将成为今后较长时间的常态。这场延续了近两年的疫情，已经对中小企业的生存带来了巨大的冲击。

2022 年，疫情持续背景下，广大中小企业如何正确审视自己？如何选择适合自身发展的道路？

1. 数字经济带来的机遇

2016 年，G20 杭州峰会通过了《二十国集团数字经济发展与合作倡议》，首次将"数字经济"列为 G20 创新增长蓝图中的一项重要议题，数字经济的概念从那时起应运而生。

数字经济是继农业经济、工业经济之后的主要经济形态，数字化转型正在驱动生产方式、生活方式和治理方式发生深刻变革，对世界

经济、政治和科技格局产生深远影响。

　　发展数字经济是贯彻"创新发展、协调发展、绿色发展、开放发展、共享发展"五大发展理念的集中体现。数字经济本身就是新技术革命的产物，是一种新的经济形态、新的资源配置方式，集中体现了创新的内在要求，也为小微企业、落后地区、低收入人群创造了更多地参与经济活动、共享发展成果的机会。

　　以新一代信息技术与制造技术深度融合为特征的智能制造模式，正在引发新一轮制造业变革，数字化、虚拟化、智能化技术将贯穿产品的全生命周期，柔性化、网络化、个性化生产将成为制造模式的新趋势，服装行业作为传统的劳动密集型产业，在这方面已经做了广泛的尝试。而在能源、原材料和人力成本不断提升，疫情长期影响与之叠加，导致订单减少，生产成本逐年大幅提升的背景下，加快企业数字化转型无疑是中小企业必然的选项。

　　共生组织是基于顾客价值创造和跨领域价值网的高效合作组织形态，其网络成员互为主体、资源共通、价值共创、利润共享，进而可创造任何单个组织都无法实现的高水平发展。数字经济时代，构建合作共生组织，对相对势单力薄的广大中小企业来说，具有更为重要的意义和价值。

　　后疫情时代数字经济加速发展、中小企业应进一步强化数字转型发展，弥补数字鸿沟，抓住国家"新基建"建设窗口期和建设首批国家数字经济创新发展试验区等新机遇，助推企业数字经济发展成果更广泛共享，开启数字合作治理新时代。

　　2. 专精特新政策红利

　　"专精特新"是指具有"专业化、精细化、特色化、新颖化"特征的工业中小企业，此概念于2011年7月由工信部首次提出，随后在《"十二五"中小企业规划》中也提出将"专精特新"作为中小企业转型升级的重要途径。

"专"是指采用专项技术或工艺通过专业化生产制造的专用性强、专业特点明显、市场专业性强的产品。

"精"是指采用先进适用技术或工艺，按照精益求精的理念，建立精细高效的管理制度和流程，通过精细化管理，精心设计生产的精良产品。

"特"是指采用独特的工艺、技术、配方或特殊原料研制生产的，具有地域特点或具有特殊功能的产品。其主要特征是产品或服务的特色化。

"新"是指依靠自主创新、转化科技成果、联合创新或引进消化吸收再创新方式研制生产的，具有自主知识产权的高新技术产品。

近几年，政府部门不断出台政策支持中小企业走"专精特新"发展道路，"十三五"以来，"专精特新"的政策热度提升、支持力度加大。

根据《关于支持"专精特新"中小企业高质量发展的通知》，2021～2025年，中央财政累计安排100亿元以上奖补资金，引导地方完善扶持政策和公共服务体系，分三批（每批不超过三年）重点支持1000余家国家级专精特新"小巨人"企业，并将带动1万家左右中小企业成长为国家级专精特新"小巨人"企业。

（1）专精特新中小企业是工业和信息化部管理的项目，这个资助对中小企业来说，含金量非常不错，后期对企业在企业金融服务上有倾斜。此外获得此荣誉，后期在企业技改项目、培育项目资助申请上也会有政策倾斜。

（2）纳入"专精特新"培育库的入库企业可申报"专精特新"中小企业奖励项目；还可根据挂牌相关政策给予奖励；在人才培训、技术创新、市场开拓、品牌建设、管理提升、融资服务等方面，"专精特新"培育库中小企业可获得优先服务。

（3）专精特新"小巨人"不但享有政策优惠，更有强有力的市场竞争力。国家级"小巨人"企业，更是全国中小企业评定工作中的最高等级、最具权威的荣誉称号。

对于大多数服装企业来说，抓住政策红利，推动企业进入转型快车道，专心致志在垂直领域深耕，放弃大而全的产品思维，在单一品类上做深做精，做单品类制造冠军，进而打造"制造品牌"，更具有现实和可操作意义，既可获得国家资金支持，借力发展；又可争取政策倾斜，为自身良性循环创造条件。

3. RCEP 对中小企业的意义

11月2日，《区域全面经济伙伴关系协定》（RCEP）保管机构东盟秘书处发布通知，宣布文莱、柬埔寨、老挝、新加坡、泰国、越南6个东盟成员国和中国、日本、新西兰、澳大利亚4个非东盟成员国已向东盟秘书长正式提交核准书，达到协定生效门槛。根据协定规定，RCEP将于2022年1月1日对上述十国开始生效。

对于我国纺织服装业而言，RCEP将对行业扩大对外贸易规模及深化域内产业链供应链合作产生较为深远的积极影响，同时，对行业的转型升级也将起到促进作用。

但需要注意的是，RCEP签署以后，意味着中国的纺织服装产业和东亚、东南亚将更加紧密地连接在一起，国内企业将融入更大的市场，区域内资源、技术、人才等流动将加快。这些国家将凭借资源和价格优势，加大在RCEP区域内部市场的占有程度，如果我国服装企业仍滞留在低端加工，未向高端、高附加值方向转变，其效果将弊大于利。

与此同时，随着部分进口产品关税下降，国内市场将面临更加激烈的竞争，这也将倒逼国内企业在竞争中加快转型升级，提高产品质量和附加值。

4. 北交所设立带来的驱动

2021年9月，北京证券交易所宣布设立并于11月15日开市交易，其核心是为"专精特新"中小企业服务。

"北交所"的设立是我国资本市场的一件大事，是落实国家创新驱动发展战略的又一举措，是深化金融供给侧结构性改革、完善多层次资本市场体系的重要内容。它彰显了我国坚定发展资本市场的态度和决心，对于更好发挥资本市场功能作用、促进科技与资本融合、支持中小企业创新发展具有重要意义。

一是对科技创新型中小企业和创投机构是利好消息。北交所的设立打通了从创业投资到私募股权投资，再到区域股权投资领域服务支持中小企业创新创业的全链条，拓宽了中小企业直接融资的渠道，精准解决了科技型中小企业融资难的问题，有助于解决实体经济融资难的困局，"专精特新"中小企业由此多了一个上市渠道。

二是将有效提升市场效率、激活市场活力，引领中小企业更好地发展。

三是将激活整个资本市场对中小企业的服务体系和能力，对推动我国经济长期可持续发展具有重要的积极意义。

中小企业提供了50%以上的税收，创造了60%以上的国内生产总值，完成了70%以上的发明专利，提供了80%以上的城镇就业岗位，占企业总数的99%以上。

在当今背景下，如何激活中小企业活力？加快传统产业科技进步，特别对于90%以上属于中小企业的庞大服装产业来说，2022年的到来，也许意味着一个新时代的真正开始。

　　我期待！

—2021年11月19日

○ 高级定制

　　高级定制服装是时尚的最高境界。

　　164年前，一个在法国打工的英国人查尔斯·弗雷德里克·沃斯（Charles Frederic Worth）不愿受传统服装业务束缚，决定自立门户，在巴黎和平街7号创立了第一家真正意义上的高级定制时装屋，他不满足于根据客户的要求来制作服装，于是，他向常客们推荐由他自己设计的一组礼服，第一个高级定制服装系列由此诞生，最终成为法国人崇尚奢华古老传统的代表，并被命名为"Haute Couture"。而英语直接将法语借过来用，"高级定制"简称"高定"。

　　高定服装品牌不同于我们常见的世界流行大牌：路易·威登（LV）、古驰（GUCCI）、普拉达（Prada）、迪奥（Dior）等，如果说这些流行大牌是"奔驰"，那么高定服装就是"劳斯莱斯"。因为这些服装是顶级的，最专业的，当然价格也是最昂贵的，以此类推，消费群体也是最窄的，在国外基本为总统、皇室、总理、首相、超级富豪、电影巨星等人士。其代表性品牌包括：华伦天奴（Valentino）、香奈儿（Chanel）、布里奥尼（Brioni）、杰尼亚（Ermenegildo Zegna）等，与其说它们是一流的服装，不如说它们是顶级的奢侈品和艺术品。

　　服装高级定制，其实在服装业中可以算是一个最古老的制作方法。从开始有裁缝的历史起，服装都是根据个人量体裁衣，然后由裁缝根据尺寸定制，不同的人有不同的做法。因此，一般来说，每件服装都是个性化。不过，自从20世纪中叶出现"成衣"这个词语，裁缝店也就慢慢淡出了服装的制作舞台，虽然没有消失，但在服装的比重中已经大不如从前了。

1983年我大学毕业后进入服装厂工作，被分配到技术科，我的师傅是一位66岁的"老裁缝师"，他有一间单独的工作间（现在叫工作室），那时来找我师傅做衣服的都是些"达官贵人"，他唯一的工作内容就是给这些"特殊人"量体裁衣，单量单做，这些人就是改革开放后最早享受"高级定制"的群体。

2001年开始，定制服装品牌陆续在中国市场出现。东华大学、北京服装学院等专业院校先后开设了高级服装定制课程，同时社会上高级服装定制培训机构逐渐兴起，为中国服装定制行业培养了大量专业人才并为行业发展提供了坚实基础。

目前，国内做"高级定制"的代表性品牌有：盖娅传说、NETIGER东北虎、郭培工作室、劳伦斯·许（Laurence Xu）、爱海伦（AHELEN）、世黛高级定制、兰玉工作室、罗伊定制等。

我们再来看一下，法国高级时装公会定义高级定制品牌的标准：

（1）所有时装及配饰均为私人客户设计制造，按订单生产，纯手工完成。

（2）必须在巴黎有工作室，至少有15个专职人员，常年雇用3个以上的专职模特。

（3）每年参加法国高级时装公会举办的两次时装发布，每次发布作品不少于35套，其中包括日装和晚礼服。

（4）每年至少对顾客做45次不公开的新装展示。

这一标准在1992年进行修订后一直沿用至今，如果按照这个标准来衡量，那中国就没有高级定制品牌。

　　无论从历史还是今后的消费需求角度来看，服装的"高级定制"一定且只会是小众消费。现在国内众多所谓"高级定制"品牌的涌现，只不过是中国庞大的服装产业，在历经四十余年野蛮生长，无序发展，在面临突然而至的产业转型、消费迭代、大环境不确定的背景下，一种仓皇的选择。

　　其中，由于大家缺乏对服装"高级定制"概念的认知，把"定制"曲解为"高级定制"，闹出了不少笑话，有些地方主管部门甚至出台扶持"高定"企业发展的"金援"政策，正对应了那句话：只要我不尴尬，尴尬的就是你。

　　而另一种奇葩的期盼，是通过低价竞争使"高级定制"在中国消费市场大众化，在现阶段甚至今后较长一段时间内这种期盼无疑是奢望。这是因为，它缺乏具备高度信息化、真正快反机制、拥有大批高素质技师队伍、一批富有创新创意理念的设计师队伍支撑，更不是中国日趋走向成熟的消费需求。

　　另外，欧美高定品牌在中国市场的傲视，其背后有着超过百年的历史沉淀和品牌文化支撑，而这，正是我们缺少的！中国服装产业不缺产能缺技术，不缺产品缺品牌，不缺抄袭缺创新，不缺工人缺工匠，不缺数量缺质量。

　　近些年，庞大的中国服装产业面临转型升级、"双碳"目标、可持续发展的多重压力，同时面临持续的疫情影响与动荡的国际局势叠加，供给侧艰难的抉择过程。

　　2020年10月《中国服装行业"十四五"发展指导意见和2035年远景目标》发布，在全新的发展时期，我国服装行业要厘清产业在新时代的方位与定位，明晰未来发展所肩负的任务与使命，凝聚起业内外发展力量，把服装强国建设推向新高度。

　　厘清概念，知道"高级定制"与"定制"的区别，才知道我们差距在哪里？才知道适合国情的产业如何定位？才知道如何在"高级定制"这一细分领域做些什么？才知道我们亟须中国版"高级定制"标准出台，才懂得用时间和技术的沉淀去打造属于中国且具有国际时尚影响力的高级定制品牌。

眼下，"高级定制"行业里的竞争是正常的市场行为和产业规模使然。如何在竞争中站稳？关键在于你如何定位自己，如何定位品牌愿景，又如何可以不受外界噪音干扰，专注在垂直领域深耕。

时间会告诉你结果，技术的沉淀会给你未来。做自己并坚持，你一定是那"不一样的焰火"。

—2022年3月29日

○ 《意见》发布，带给中国服装产业的思考

2022年4月10日，中共中央、国务院发布《关于加快建设全国统一大市场的意见》（以下简称《意见》），全面推动我国市场由大到强转变，为建设高标准市场体系、构建高水平社会主义市场经济体制提供坚强支撑。

《意见》提出了建设全国统一大市场的主要目标，包括持续推动国内市场高效畅通和规模拓展，加快营造稳定公平透明可预期的营商环境，进一步降低市场交易成本，促进科技创新和产业升级，培育参与国际竞争合作新优势。

拿《意见》内容由大及小，来衡量和审视庞大且传统的服装产业现状，就会发现其有着很强的指导性意义。例如，目前914家纺织服装专业市场还存在制度规则不统一，地方分割、市场的小封闭、小循环这样的情况。加快建设国内统一大市场，它实际上是推动国内市场由大到强转变的关键一招。

2021年1~12月，中国服装行业规模以上企业工业增加值同比增长8.5%，增速比上年同期提高17.5个百分点。

此外，中国服装运行质效逐步好转，利润增速持续加快。2021年1~12月，中国服装行业规模以上企业12653家，实现营业收入14823.36亿元，同比增长6.51%；利润总额767.82亿元，同比增长

14.41%，增速比2021年1～11月加快1.77个百分点。

2021年，纺织行业运行整体向好，2022年能否延续上一年的发展走势？回首改革开放行业43年发展，服装产业又存在哪些痛点？

不缺产品缺品牌，不缺抄袭缺创新，不缺技术缺工匠，不缺数量缺质量，不缺产能缺动能。

不缺一哄而上，欠缺清醒思量；不缺盲目跟风，欠缺自始而终；不缺技术支持，欠缺思维认知；不缺跨界经营，欠缺专一深耕；不缺市场支撑，欠缺品牌提升。

以上概括了当下服装产业存在的问题及企业经营者的心态，刺眼但真实。能否具备直面不足的勇气，是我们是否具备产业自信和产业自愈能力的标志。

进入2022年，持续两年的疫情与地缘政治的不确定性影响叠加，正在深刻影响着产业恢复进程，消费信心的提升。同时，国际市场大宗商品价格持续走高且充满变数，全球供应链重塑在迷茫中不知所措。中国纺织服装出口在未来的9个月当中，可能会面临更多的不确定，企业在外贸与内需之间会直面更多的"举棋不定"。

改革开放后的中国服装产业，在经历了43年狂奔之后，在互联网极度渗透15年之后，终于跑到了一个节点，一个需要在新的时代背景下，新的国际大环境背景下，冷静反思，重新梳理自身，完善产业"十四五"规划实施细节的节点。而《意见》出台，无疑将成为服装产业重塑自身优势，加快传统产业升级的指路明灯，值得我们认真研读与思考。

不被虚拟的数字蒙蔽，不被浮夸的现象误导，清醒了解服装这一传统行业现状及结构特点，坦诚面对产业顽疾，直言不足，才能有的放矢。

我们应以《意见》发布为契机，修正自身方向，促进服装的科技创新和产业升级，找到抵御外部风险、适应产业可持续发展的路径。

——2022年4月12日

○ 用统一大市场思维培育大纺织"专精特新"

纺织业在中国近代社会经济中始终占有举足轻重的地位。我国是世界上最大的纺织品服装生产国和出口国，纺织品服装出口的持续稳定增长对保证我国外汇储备、国际收支平衡、人民币汇率稳定、解决社会就业及纺织业可持续发展至关重要。

2021年，规模以上纺织企业工业增加值同比增长4.4%，较2020年提高7个百分点。规模以上企业化纤、纱、布、服装产量同比分别增长9.1%、8.4%、7.5%、8.4%。

2021年，规模以上纺织企业实现营业收入51749亿元，同比增长12.3%；实现利润总额2677亿元，同比增长25.4%。全国限额以上单位服装鞋帽、针织纺织品类商品零售额13842亿元，同比增长12.7%；全国网上穿类商品零售额同比增长14.1%，两年平均增长8.3%。

2021年，我国纺织品服装出口3155亿美元，同比增长8.4%，创历史性新高。其中纺织品出口1452亿美元，同比下降5.6%；服装出口1703亿美元，同比增长24%。

亮丽数字的背后，是几代纺织服装人打下的坚实产业基础和国际领先的纺织产业技术。

2022年4月14日，中国纺织工业联合会发布：关于开展纺织行业"专精特新"中小企业（第三批）培育入库工作的通知（以下简称"通知"），旨在全面贯彻落实国家"十四五"规划和2035年远景目标纲要精神，持续推动中小企业提升专业化优势，支持创新型中小微企业成长为创新重要发源地，培育专精特新"小巨人"企业和制造业单项冠军企业，提升产业链供应链现代化水平。

就此"通知"内容，结合4月10日中共中央、国务院发布的《关于加快建设全国统一大市场的意见》（以下简称《意见》），产生一些想法供商榷。

（1）单就纺织业来说，它处于供应链的上游，其终端产品按最终用途可以分为三大类：服装用、装饰用和产业用纺织品，也就是说，纺织品的优劣，直接决定了下游产品的品质和附加值的成分。以此思维推进，《意见》明确要抓好统一中"打造统一的要素和资源市场，推进商品和服务市场高水平统一"的任务要求，对大纺织产业的升级无疑具有指导性意义。

以"统一大市场"的理念指导培育纺织"专精特新"企业的工作，就要统筹上下游企业资源，协同发展，使上游的"专精特新"产品，有下游的"专精特新"企业与之对接，能够对接，如此这样，才能使之迅速转化为市场消费，并在此过程中形成较为完整的统一要素和资源市场。

（2）近两年，在疫情持续及外部环境不确定冲击下，大量中小企业举步维艰，倒闭者不乏其数。在这种背景下，培育"专精特新"中小企业，更多地应该关注企业切身痛点及需求，加大对目标企业资金支持的力度，协调有关部门制定"亲民"的贷款政策，让中小企业敢于贷、贷得起，为真正的"专精特新"中小企业提供可持续发展的"食粮"，这样才能使得众多企业有意愿加入"专精特新"行列。

（3）在这个多元化的世界里，任何企业的行为都离不开有效资源的供给和保障。在"统一大市场"思维下，我们的一些政策推出，更多地应该站在协调统筹、多部门联动、前瞻服务的角度，直击企业痛点，如此这般，方能达成我们最终期盼的目标。

（4）中国的纺织产业走到今天，在百年未有之大变局面前，应该用"统一大市场"思维来统筹，来规划未来的"大纺织"，而非一如既往的单打独斗，这是做强做大产业的百年基础，更是现时背景下的发展需要。

希望大纺织可以带动相关产业的转变，在"统一大市场"的建设上，在培育"专精特新"中小企业上，用纺织人的智慧，依靠中央政策的引导，打造创新可持续的生态，促使有能力的中小企业专注产品，精研深耕，用产品标注自身的"专精特新"，而非一张标签。

—2022年4月15日

○ 疫情持续，我们有多少关爱可以分给他们

4 月中上旬，中国服装协会针对重点会员企业和产业集群开展了 2022 年春季线上调研。调研结果显示，在诸多不可抗力因素影响下，服装行业保持恢复发展面临着前所未有的巨大压力和挑战。

我们发现，今年第一季度大型企业开工率普遍较高，中小企业开工明显不足。大型企业开工率达到 90% 的企业占 81.4%，而中、小企业开工率达到 90% 的企业仅占 53.8% 和 60%，7.7% 和 15.6% 的中、小企业开工率仅在 50% 左右。

我们关注"安踏""波司登"这样的企业，因为他们在承担民族品牌威名世界的重任；我们关注"申洲""晨风"这样的企业，因为他们是中国服装制造的骄傲。这些规上企业，是产业进步的标志，也是产业科技进步的引领者。但是，根据国家统计局数据，2021 年我国服装行业规上企业只有 12653 家，占比不到 8%。

疫情持续的当下，我们更应该多关注那些解决了 80% 就业问题的中小企业。疫情带给他们的冲击是巨大的，他们在仓促中迎来数字转型，在迷茫中面对网络碎片的"群殴"，在一次次无奈中找寻消费的出口。他们不知所措，只能被动盲从；他们无力创新，只能随波逐流；他们疲于应对，只为劫后余生。第一季度，中小企业效益下滑明显，中型企业营业收入和利润总额下降的企业比重均超过八成，小型企业

营业收入和利润总额下降的企业分别占 50% 和 58.3%。

疫情持续两年，我们在"亢奋"中迎来了数字时代，人们期盼数字化可以让企业"降本开源""提质增效"，各类平台、各类自媒体人，开始宣讲"智能制造"，都在"指引"数字经济方向，但绝大多数企业面对汹涌网络大潮，却不知所措，不知该如何抉择。

如何找到适合占总量 90% 以上中小企业的数字化改造方案，使之被企业有意愿接受，真正推动服装产业数字化转型，是值得我们"深思熟虑"的。

关于如何选择数字标杆，我觉得：在庞大的中国产业面前，任何单一的标杆样板都没有现实指导意义，对于绝大多数企业来说，只会是"雾里看花，水中望月"。他们不需要看那些"凤毛麟角"的规上企业怎么做，他们只需弄清楚"自己有什么？自己能做什么？自己需要什么"。服装企业数字化，没有统一的样板，只有适合的模式。

疫情还在继续，在动态清零的政策约束下，中小企业仍在"自律""自强"。他们需要订单的支撑，他们需要复合型人才，他们需要技术工人，他们需要创新可以得到保护，他们需要政策的落地，他们需要基于规则的游戏，他们需要良性的网络空间，他们需要资金来维持，他们需要权威且专业的信息，他们需要尽快返回繁华的闹市，他们需要……

疫情持续的当下，我们究竟有多少爱可以分给他们。

"十四五"期间，中国服装行业要实现"科技、时尚、绿色"新定位，"正确引领，科学示范，真心帮扶"是减少中小企业误区并推动中小企业加入"专精特新"行列、加快数字进步的前提，更是行业愿景达成的底层逻辑。

—2022 年 4 月 26 日

○ 企业的困局与数字化布局 ···

　　近几日，与几个服装品牌商和做供应链的朋友通话，了解了今年春节后至今，品牌业绩表现及订货状况，大家反馈的信息主要集中在以下几个方面：

　　（1）今年以来实体店陆续关闭，数量在萎缩。

　　（2）在营业门店，客流受疫情影响几近断流，业绩惨淡。

　　（3）春夏季服装市场持续低迷，企业库存严重。

　　（4）以联营模式经营的店中店，无法完成保底任务，每月被迫买单。

　　（5）一些优势商业"店大欺客"，供应商苦不堪言。

　　（6）无法承受网络平台的营销投入及恶性竞争，只能依托传统渠道。

　　（7）大多数中小企业租用的都是私人物业，根本无法享受疫情期间租金减免。

　　（8）秋冬季商品订货量几乎腰斩，有的不及正常年度的三分之一。

　　（9）生产企业订单大幅减少，开工率不足40%。

　　（10）企业用工成本高，收益锐减，苦苦支撑。

　　（11）中小企业资金需求渠道依然无法畅通。

　　疫情当前，以上反馈非常具有代表性，反映了众多企业当下面临的窘境、困境。在与企业交流中，感受到来自企业对未来模式的思考，对网络营销平台爱恨交织的矛盾心态，对自身供应链重构的决心，对私域流量的担心，对创新投入的"忧郁"，对不可抗力承受能力的不同。

提供以下几点建议：

1. 抛弃惯性思维，拥抱科技

传统产业要实现困局中布局，其中重要的一点，就是抛弃惯性思维，从传统产业的传统思维中走出来，不是被动地数字转型，而是热情地拥抱科技，让科技真正赋能企业发展。回顾历史，每一次工业革命，谁拥抱了新的方式，谁就能实现质量变革、效率变革、动力变革，进而抢占先机，后发赶超。正在进行的数字化革命不是简单的信息化建设，以大数据、云计算、人工智能为代表的新一代数字技术与传统工业深度融合，才能够带来乘数效应，推动产业高质量发展。

2. 找准重点，寻突破

传统行业在主动拥抱数字经济的同时，需找准重点。当前，消费互联网已发展多年，然而，从连接人到连接万物，将传感、移动通信、智能分析等技术不断融入工业生产过程各个环节的产业互联网，还要重点发力，5G等技术突破已完全让串联万物有了基础。

3. 系统梳理，找准痛点

传统行业拥抱数字技术，讲决心也讲方法。一方面，要注重"新与旧"的关系。哪里有痛点、有需求就对准哪里改造，才能更快发挥数字技术乘数效应。痛点和需求，来源于传统行业中的设计、材料储备、生产、品控、销售、成本控制、工艺改造等各个环节。另一方面，更好地拥抱新技术，需要对"旧产业"进行系统梳理，多问问一线、问问消费者，把问题找准。

4. 小切口，大收益

企业数字化改造，要注重"大与小"的关系。不要被"产线改造"这个词吓退了，对于成本有限的企业，有些改造也可以"小而美"，小改造撬动大效益。这种例子很多，需要传统行业培养数字思维，也要鼓励传统行业人才和数字技术人才多合作，用融合视野发现更多数字化改革"小切口"。

5. 借助政策红利，布局发展

在与一些企业接触时发现，绝大多数企业不了解甚至完全不知道近几年国家针对企业出台多项扶持和激励政策对自身的意义。

所以，建议大家在这个不确定的时期，不应埋头"拉车"，要从传统"自我"中走出来，主动融入产业发展大计。在新材料、新工艺、新技术的应用上大胆尝试；在单品类深耕上下足工夫。同时，多关注国家政策变化，特别是近两年国家推出的许多助力中小企业发展的政策，学会读懂政策、用足政策、享受政策红利，助力企业在"变局中布局"，才能走上一条不同凡响的发展之路。

百年未有之局面，锤炼的是一个充满自信的国家，更培育的是这个时代所需的优质企业。

—2022年5月10日

○ 华服的尴尬与期盼的国服

　　如何传承千年服饰文化？如何"古为今用"打造国潮？如何汲取汉服精髓推出"华服"标准塑造国服形象？近二十年来，对诸如此类问题的研究虽投入了大量资金和人力，终究还是虚无缥缈无法落地，至今没看到一款得到官方认可、大众认同，并乐于在正式场合穿着的"国服"。

　　华服，专门指代中国传统民族服饰，汉服、汉装即中国传统民族服饰，主要是指以华夏（汉后又称汉族）民族文化为基础，通过自然演化而形成的具有独特华夏民族文化和风貌性格，区别于其他民族的传统服装的装饰体系；或者说"汉民族传统服饰（汉服）"是从夏商周时期到明朝，华夏（汉）民族所着的、具有浓郁华夏（汉）民族风格的一系列华夏（汉）民族服饰的总体集合。在当代，华服又被赋予国服的期盼。

　　2003年11月22日，一位电力工人身穿汉服走在郑州的街头，尽管有人嘲笑，有人不解，他还是坦然地穿过人群，他希望用自己有限的力量去影响他人推广汉服。

　　如今，汉服成为不少年轻人喜爱的服饰，穿汉服出游甚至成为时尚风潮。汉服爱好者数量规模达700万人，"穿汉服，弘扬中国传统文化之美"已成为诸多汉服店铺的宣传语。

但需要明确的是，汉服只是华服的一种，并不等于华服。一些小众为满足张扬个性、哗众取宠而穿戴汉服绝非对汉服文化的宣扬。同时，大多数汉服生产企业毫无创新，一味照搬的汉服款式也绝非对古代服饰文化的理解和推广，这样的汉服市场注定是昙花一现。

"汉服热"十年有余，并没有带来"蝴蝶效应"。"华服"依旧没有清晰的定位和群体认同。在所有的正式场合或国际舞台亮相时，我们依旧是一身"西服"示人，服饰文化的自信没有任何展示，世界更无法从我们的着装上看出中国千年文化底蕴。

2015年6月，"中国华服会"成立，旨在积极响应"一带一路"的国家战略和"大众创业，万众创新"的伟大号召，以"寻找华夏根、颂扬民族魂"为己任，继承我国优秀的服饰文化遗产，充分利用移动互联网的创新平台，通过搭建华服产业联盟，创新发展华服、旗袍产业，孵化中国服装产业发展新的增长极和突破口。

2021年9月，由中国服装设计师协会主办的"第一届国际华服设计大赛"在山东济南举行，报名参赛作品达1247套，意图引领华服走势及相关产业发展方向。

近十年，社会上各类与"华服"有关的组织或活动层出不穷，但都如"散兵游勇"，松散合作，不统一，没目标或目标短视，难以成为可持续推动华服健康发展的主流，更不能影响及形成完整的国服概念。

2006年3月17日，上海国际服装文化节国际服装论坛以"和谐·时尚·国服"为主题，邀请海内外专家为中国国服寻找答案。许多人大代表、政协委员和专家学者纷纷提出建议，希望国家正式恢复国服。

近年来，中共中央颁布的《关于实施中华优秀传统文化传承发展工程的意见》等系列相关政策都有力推动传统文化的复兴，团中央也牵头举办"中国华服日"等传统文化活动，这些利好环境有利于大众有更多机会接触传统汉服文化。

　　文化的延续在于不断吸收、创新、赋予时代需求并可持续，绝非简单模仿、复制。华服时尚是文化渗透的载体，是这个时代场景的应用和符号，更是文明提升的标志。它的每一次华丽转身，都是与文化交融重生的展现。

　　中国千年衣裳文化，在当今日渐自信的中国再度成为时尚标签的时候，能否真正通过良性引领使其成为时代"华服"，被大众接受而非小众炫耀？能否将文化属性与社会进步的需求属性相结合，成为普罗大众认知的衣裳进步？决定了"华服"是否可延续而非一时喧闹。我们期待自信的中国昂首世界，"国服"而非"西服"可以成为这一自信的载体和呈现！

　　随着中国在国际舞台地位的提升，随着中国文化越来越多地输出并融入世界，我们亟须代表当代中国风貌的国服展示中华之自信。我们虽有世界上最庞大的服装产业，却没有代表中华形象的统一服饰，"革命尚未成功，同志仍需努力"。

—2022年5月23日

○ 如意，"如意"了吗 ......

1. 非凡的如意

山东如意集团（以下简称"如意"）是多元持股的大型中外合资企业、国家级高新技术企业、纺织产业突出贡献企业、全国纺织十佳经济效益支柱企业、中国毛纺织最具竞争力十强企业、山东省百家重点企业集团。其前身为始建于1972年的山东济宁毛纺织厂，是全球知名的创新型技术纺织企业，拥有国家级企业技术中心和博士后工作站，获得了数百项专利技术和创新成果，被中国纺织工业协会列为毛纺行业国家级新产品开发基地。继2002年"赛络菲尔纺纱技术及系列产品"获国家科技进步二等奖后，历时7年研究的"如意纺"纺纱技术，荣获国家科技进步一等奖，是全球服装奢侈品品牌的主要供应商之一，也是国内少数几家可与欧美、日本等高档精纺面料生产基地相抗衡的企业。

山东如意集团于2007年12月7日在深圳证券交易所上市。

2. 如意的收购脚步

在中国毛纺织行业取得巨大成功，特别是"如意纺"每米卖出6.8

万元的高价，让如意尝到了奢侈品带来的甜头，开始规划完善纺织服装产业链，在全球范围内开始收购奢侈品牌，意图发挥品牌拉动效应，将公司打造成国际奢侈品牌运营平台，成为中国版的酩悦·轩尼诗——路易·威登集团（LVMH）。

2010年6月，如意出资4400万美元收购了日本成衣巨头瑞纳（RENOWN）41.53%的股份，成为其第一大股东，将RENOWN旗下的男装品牌D'URBAN、起源于英国的品牌Aquascutum收归囊中并由此拉开了国际化布局的序幕。

2016年收购法国轻奢品牌集团SMCP，它是Sandro、Maje、Claudie Pierlot和De Fursac等法国时尚品牌的母公司。

2018年如意收购利邦51.38%股份，原属于利邦集团的高端男装品牌Gieves&Hawkes、Cerruti 1881，Kent&Curwen和D'URBAN也因为这次交易而受到如意的控制，间接归属于山东如意集团旗下。

如意比较知名的收购行动还包括收购高端男装集团Trinity Ltd.以及瑞士奢侈品牌巴利（Bally）的部分股权。

如意开启了海外并购的步伐，收购标的的业务范围涵盖上游原材料、纺织制造、品牌服饰，标的运营的国家包括日本、澳大利亚、韩国、印度、英国、新西兰、德国和法国等。曾几何时，山东如意集团旗下拥有30多个国际时尚品牌和超过5800家店铺，在81个国家和地区开展业务，如意用315亿巨资构筑出了一个较为清晰的"时尚帝国"。

3. 被如意收购的品牌还好吗

为了建立国际化的运营团队，如意曾一次性支出200万差旅费组织团队到欧洲学习。然而，再好的PPT也无法演示百年品牌背后的文化，走马观花的浏览更无法体会文化带给品牌的魅力；哥特建筑的尖形拱门与飞拱只能令你震撼，你却无法领会其辉煌背后的根基。文化，是学不来的。

国际品牌被收购后的水土不服快速并强烈地反映出来。

2021年4月，根据《泰晤士报》的消息，由山东如意集团旗下利邦集团所有的英国男装品牌Gieves&Hawkes面临破产清算，或将被挂牌出售。

由于未能偿还1.5亿美元的贷款，利邦集团被渣打银行告上法庭要求进行清算，利邦集团的股票交易也从2021年4月1日暂停至今。

伴随疫情的暴发，国际线下门店经营惨淡，除了利邦集团，如意旗下收购而来的其他海外品牌也陷入困境。其中，日本服装企业RENOWN在被如意收购十年后，也因疫情宣布破产。

原本收购Bagir和Bally两个品牌的计划，最终也未能完成。根据路透社的报道，山东如意集团在2018年与Bally母公司JAB控股达成收购意向后，迟迟未能支付6亿美元的收购费用。而Bagir则因无法获得山东如意集团的注资，在疫情冲击下已经正式向法院申请破产。

拥有超过170年历史的英国男装品牌Aquascutum已经陷入经营困境，唯一一间英国本土门店在疫情封锁后便彻底关门，如今购买渠道仅剩中国线上电商。

截至2021年6月30日，在如意收购的众多品牌中，仅法国集团SMCP收入同比增长21.6%至4.53亿欧元，销售表现恢复至疫情前水平，显示了山东如意集团控股进入，两个集团强强联合之后带来的抢眼表现，得益于海外业务，特别是亚太地区业务的飞速发展。

4. 负面新闻下的如意

收购品牌的运营并没有因如意的加持而腾飞，也没有带来所期待的全球化收益及产业链完美转型，相反，如意却因快速扩张和大量的资金投入陷入困境。

2015年3月27日证监会新闻发言人邓舸表示，沪深两市共有31家公司因涉嫌信息披露违法违规处于立案调查阶段，如有被认定为欺诈发行或重大信息披露违法的，将按照重大违法公司强制退市要求启动退市机制，这31家企业中就包括山东如意集团。

为Gieves&Hawkes等品牌提供面料的葡萄牙纺织品供应商Calvelex以欠款违约为由在中国香港起诉山东如意集团，称其从2019年3月起便停止支付账款，欠款达到18.2万欧元。

2020年3月，国际信用评级机构穆迪投资者服务再度下调对山东如意的评级，并维持评级展望为"负面"。

进入2020年7月以来，山东如意集团的法律纠纷不断，而该集团子公司还被卷入多起买卖合同和租赁贷合同纠纷。

2022年1月28日，如意企业技术中心被撤销国家企业技术中心资格。

截至2021年9月底，山东如意集团的全部财产价值381亿元，年入账资金也有12.76亿，看起来似乎还不错，但是实际上公司的负债率和负债规模已经严重超标。

2022年5月9日，山东如意科技集团有限公司新增两条被执行人信息，执行标的分别为6.8亿元、110万元，执行法院分别为银川市中级人民法院、济宁高新技术产业开发区人民法院。

5. 如意带来的思考

（1）正确认知自己。在资本的支撑下，买一个成熟的品牌过来"借船出海"，减少企业创品牌阶段不可预估的风险，也是加快企业品牌建设之路的一条捷径，特别是对国际品牌的收购，可以利用其在国际消费市场的声誉，来增强自身在全球时尚行业内的影响力。这原本无可厚非，也有很多成功经验可以借鉴。

2006年，中国动向集团买断卡帕（Kappa）中国内地和澳门品牌所有权及永久经营权，成为中国企业收购国外品牌的开始。彼时，中国的体育品牌和体育用品市场正在百废待兴，中国动向集团侧重设计和品牌运营，把生产外包，渠道采用合作和加盟的方式，显然具有更高的供应链管理效率。2010年，可谓中国动向集团最风光的时光，区区几百人的公司可以做到42.6亿元的销售收入，其利润率肯定是其他体育用品公司极其艳羡的。

2009年8月，安踏集团以3.23亿元人民币收购中国香港百丽拥有的斐乐（FILA）运动品牌，成为中国服装企业成功运营国际品牌的经典案例，安踏集团也因此荣登英国品牌评估机构"品牌金融"（Brand Finance）发布的"2020全球最有价值的50个服饰品牌"排行榜（Brand Finance Apparel 50，2020）。

买品牌也好，多品牌战略也好，关键在于规划之前如何正确地评判自己，"知道自己有什么，简单；知道自己想要什么，不易；知道自己能干什么，很难"。能做到这些不容易，做到了，不一定成功，但做不到，一定不会成功。

"专一、专注、专业、专攻"这"四专"是做好任何事情的基础，做品牌更应如此。

（2）文化是品牌的支撑。以为凭借资本的豪横就可以"为所欲为"，以为买过来就可以为我所用，以为自己一直站在"珠穆朗玛"，这是绝大部分中国私企老板的心态和脸谱素描，也是中国企业没有品牌文化概念、不懂得品牌支撑在哪里的现状。

当资本赋予你翅膀，其贪婪的DNA会让你失去理性，扩张不再有边界，而你也开始为自己的疯狂积攒成本。

如意任性地买下近四十个国际品牌，却买不来品牌背后的文化和消费者，在后续的运营中，一个缺乏对国际品牌调性理解的开发，自然得不到市场的趋同，加之中外运营思维的巨大差距，更缺乏对国际品牌运营的经验，其结果必然是买了个空壳、买了个寂寞而已，企业最终为自己浅薄的品牌认知而买单！

资本买不来文化，而文化却可以令资本尴尬。

（3）文化自信做自己。"十三五"以来，服装行业持续完善品牌培育和推广体系，自主品牌市场认知度与国际影响力不断提升，行业形成了制造品牌、终端品牌和区域品牌协同发展的生动局面。行业时尚设计原创能力明显提高，已经进入主张原创设计、凸显中国特色的自主阶段。

到2035年，在我国基本实现社会主义现代化国家时，我国服装行业要成为世界服装科技进步的主要驱动者、全球时尚创新的重要引领者、可持续发展的有力推进者。而实现这一愿景的前提，一定是中国服装品牌的国际化和中国服装产业的高端品牌化，以及在科技加持下的产业巨变。

百年危局，时尚行业正在经历的变革是结构性的，消费者的认知习惯也发生很大的改变，新技术推动的浪潮不再是个体力量所能抵挡的。在消费者和市场都趋于理性后，高度饱和的市场必然将迎来重新洗牌。部分国际时尚品牌的退场，也让国内服饰品牌开始有机会与国际品牌站在同一起跑线上，一场关于"品牌力"的竞争才刚刚开始。

相信中国如意的那一天，也会是世界的如意。

——2022年6月1日

○ 中国男商务装品牌八大发展趋势 ································

（1）服装风格更趋年轻化、时尚感，高品质成为"新正装"标志。

（2）设计理念以简洁，细节奢华、个性明显，不再以虚幻的假设作为主题，注重场景分类阐述。

（3）高级羊绒、羊毛面料被广泛使用并被大众消费接受。

（4）基于5G技术的智能辅料被商务男装大量应用，每件正装都成为"万物互联"的终端，为品牌商提供更详细的数据支撑。

（5）由于信息化、标准化和数字化的推进，越来越多的高端男装成为私人定制品牌，单品类定制被消费者接受。

（6）以"环保及可持续发展"为理念的新材料、新工艺、新技术将率先在男商务装品牌中推广应用。

（7）80%以上的代理商将消失，终端零售店将由品牌商直管经营。

（8）移动互联网平台为商务男装发挥资金及企划优势，提供了再次崛起的机遇。

—2020年2月5日

○ 疫情当前，中小企业的思考

疫情当前，中小型服装企业经营者可以利用当下时间静下心来，对企业未来做一次战略思考，几点建议供参考：

（1）此次疫情再次显示了互联网企业优势，我们的服装企业必须认识到企业全面信息化进程是未来发展的前提，更是企业减负的基础。应充分利用这段时间，对企业自身的组织架构和流程做一次再造思考。

（2）疫情结束还需时日，况且即便结束还会有滞后效应，受此拖累，2020年秋冬季货品生产及订货计划恐难落实，企业应及早制定短中期（6~12个月）应对方案。

（3）对原有的加工或批发零售业务做一次梳理，只保留具有核心竞争力的产品或业务，这是企业健康发展的必由之路。

（4）对已有的客户做一次细致梳理和分析，做一次筛检，同时基于自身资金状况，制定不同的针对客户服务及优惠政策，是所谓"有福共享，有难同当"、体现共渡难关共谋发展之理念。

（5）为应对疫情对经济的冲击，各地都在推出积极的扶持或税收减免政策，我们的中小企业一定要加强与当地政府职能部门的沟通，借助和利用好政策，切不可因自己"被遗忘"。

—2020年2月15日

○ 河北服装产业发展的思考

清朝中叶，辛集镇已成为我国著名的皮毛集散中心。1880～1937年是辛集皮毛业发展的鼎盛时期，逐渐形成了完整的皮毛生产体系。如今辛集皮革产业由辛集制衣工业区、制革工业区和辛集国际皮革城组成，规上企业110家，科技型中小企业76家，高新技术企业2家，从业人员7.3万人。拥有省级以上知名品牌66个。各类服装市场占有率37%，皮革产品市场占有率21%。

肃宁县有中国裘皮之都、中国针纺服装名城、中国轻工业特色区域和产业集群创新升级示范区、全国纺织品生产流通示范基地等荣誉称号。为全国首个实现"全域淘宝镇"的县，并被阿里研究院评为淘宝村百强县。全县电商平台注册网店已达21000家，年销售额超百亿元。2018年10月，肃宁被评为"电子商务促进乡村振兴十佳案例"（河北省唯一），荣获全国"电子商务进农村综合示范县"称号，并正式申报国家数字乡村试点县。

清河羊绒产业起步于1978年，经过四十多年的发展，清河已经成为全国最大的羊绒产业集聚地，产业规模达到150亿元，被誉为"中国纺织名城""世界羊绒之都"。

以上类举很多，河北服装产业集群的形成和现状有四个显著特点：一是由上游原材料发展而衍生；二是95%以上的企业极度依赖加工；

三是两化融合率极低；四是服装企业"小而散，大而不精"。

2018年4月2日上午，河北省政府常务会议审议通过了《河北省服装产业转型升级行动方案》，为我省加快服装产业由代工贴牌生产为主，向"设计、品牌、制造"三位一体转型，不断提高服装产业品牌价值和产品附加值，真正为实现靠质量、品牌、信誉赢得市场指明了方向、确定了具体措施，给河北服装产业的发展创造了前所未有的机遇。

自2018年河北省实施服装产业转型升级行动以来，清河羊绒、辛集皮衣等七大特色产业集群和石家庄、廊坊、沧州、邢台、雄安新区五大服装产业创意园区取得长足发展，成功举办三届服装设计大赛，连年评选"河北省十大服装品牌"和"河北省十佳服装设计师"，连续两年组团参加"时尚深圳展"、开展冀深时尚对接，发展个性化定制及今年十月举办的"第三届河北时装周"实现设计赋能，促进品质提升。

但不可否认的是，虽然政府在近三年时间投入千万资金举办以上多种形式活动，实际收效恐远未达到预期目的，远没有起到推动产业转型升级、促进大多数企业走品牌之路的目的，原因何在？在"十四五"开局之年我们又该如何前行？

基于对以上问题的思考，提出以下拙见，供参考。

1. 由散转聚

发挥龙头企业的资源、管理及技术优势，合理引导大中型企业兼并小微企业，或与之成立联合体，加快产业整合，解决河北服装企业"小而散"的现状，促使县域企业走上正轨，进而真正做大、做强河北服装。

2. 由网转联

在农村电商产业已经获得蓬勃发展的肃宁，尝试打造具有县域经济特色的"服装产业互联网"示范县，以此推动"河北服装产业互联网"的建设，真正促进大量的中小企业加快信息化改造步伐，进而实现让网络改变传统制造业的管理模式、生产流程、供应链结构，实现"一网联所有，一网打天下"，以数字经济推进传统产业的升级。

3. 由要素驱动转为创新驱动

人口红利已经消失，传统的劳动密集型产业已经无法适应时代的进步和中央对产业进步的要求。"人多力量大、人多好干活"的时代已经一去不复返。而在失去要素优势情况下，目前的河北服装产业（各集群地）除了大，还有什么？没有优势产品，产品缺乏设计，同质化严重。

2017年河北省工业和信息化厅推动成立河北工业设计创新中心，出发点和初衷都是好的，但时过四年，作为工业设计之一的"服装设计"，在中心的推动下到底有哪些提升或提高？各县级的工业设计创新中心在服务县域经济方面做了哪些可落地的实事？

所以，制定符合产业特色、区位特色的政策及配套措施，在河北产业由要素驱动实现创新驱动过程中就显得尤为重要。

4. 由品牌建设推动产业可持续发展

对于河北服装产业来讲，品牌建设有两方面意义：

一是服装品牌的打造。这是企业行为，但关乎产业发展。河北服装虽产业规模庞大,但经过几十年的发展,在国内服装零售市场大众认可的品牌有多少?而河北每年规模以上企业近4亿件产能服装在哪里?在批发市场,在低端加工渠道,在贴牌生产渠道,在外贸加工渠道。所以,河北服装转型升级的重点在由产能优势向品牌优势转变。打造服装品牌,应是河北服装产业"十四五"规划重点。而在互联网高度发达、企业与消费者信息高度对称的当下,打造品牌不能靠部门评比。无论国际还是国内消费市场,没有一个畅销品牌或国际奢侈品牌是评出来的。

在河北这个区位认知现状下,打造品牌,政府部门需要做得更多的是政策引领、打造示范、以点带面。

二是打造优质制造品牌。河北服装企业起步早,多以加工为主,经过四十余年的发展积累,拥有比较成熟的产业队伍和技术。应抓住河北服装产业庞大、底层技术工人众多的优势,在产业集群地选择有条件的规模企业,向他们提供从政策、资金到供应链的支持,打造有品类特色、有材料特点、有品控保障、有产效优势的制造品牌,打造河北的"申洲""即发"制造品牌。

5.成立河北纺织服装产业促进委员会

河北服装业经历四十余年的发展,形成了颇具特色且在个别品类有一定竞争力的产业,无论产业规模和基础可谓强大,也形成了多个在全国具有一定影响力的产业集群地,如肃宁针织、大营裘皮、清河羊绒等。但随着消费提升及互联网带来的产业升级,与江、浙、粤等发达地区产业集群相比差距明显拉大,原有的优势在丧失,传统思维的桎梏、产业整体素质的偏低、认知的偏差、一些体制上的限制等因素,都制约了产业的发展。

如何有针对性地指导各产业集群持续健康发展？如何推进占绝大多数的中小企业信息化进程？如何有效促进企业真正走上品牌之路？如何在保持现有集群规模的前提下，做强河北服装业，以制造品牌重塑？如何避免容城服装业结局再现？如何在疫情管控日益常态化下，发挥纺织服装的优势稳民心？数字经济如何助力河北服装业转型？等等此类问题及落实，无一不需要更专业的团队来策划、应对、实施，而成立河北纺织服装产业促进委员会，无疑是为河北服装长久发展解决疑难、摒弃传统、找寻路径所需提供的一剂良药、良师。

—2021年1月18日

○ 服装业需要什么样的榜样

1. 人需要有信仰，更需要有榜样

我小的时候，由于受家庭教育和环境影响，从小就崇拜英雄，羡慕榜样并立志向他们学习，做一个不平凡的人。于是，"争强好胜"成了我性格上抹不掉的标签。上学时，第一批加入少先队，第一批加入共青团。参加工作后，在同学当中第一个赢得设计大奖，第一个成为市团委命名的"新长征突击手标兵"，第一个被电视、报刊报道。"榜样"的力量无时不在激励我前行，不敢懈怠。

2. 产业的提升需要有方向，更需要有榜样

在20世纪60～70年代，"工业学大庆""农业学大寨"，口号简单，目标清晰。所有企业明确学习的目标和方向，一个是"向雷锋同志学习"，曾经是两代人学习的榜样。另一个是改革开放初期，浙江海盐衬衫厂步鑫生以"改革先锋"称号而影响全国，带动大批企业走上了解放思想、大胆改革创新的道路。

3. 服装产业的发展需要榜样

近期，由于疫情管控我很少出门，于是有了许多学习的时间，我开始浏览之前关注过的各类自媒体文章或行业信息。我注意到一种怪相：在同一个产业，不同部门、不同组织、不同团体纷纷评选出各种名义的"十大、十佳、十最排行榜""先锋榜""50强名单""影响力排行榜""价值排行榜""成长型品牌名单""可持续企业名单""透明企业名单""精锐榜"等。我粗略统计了一下，服装行业各部门或组织颁授的各类荣誉称号不少于几十项，而这几十项荣誉称号几乎被十余家企业包揽，也就是说，只要有行业评比或推出行业学习榜样，一定不会少了这几家企业。

我在脑补一个场景：一个领导拿着各种荣誉证书、牌匾，一次次授予同一个人，而这个人的旁边有一个拿着箱子的人，在吃力地往箱里装着这些荣誉。

榜样的力量是无穷的。一个时代，一个产业，它的良性发展，一定需要榜样的示范和引领。

"申洲""即发""报喜鸟""森马""波司登"都是非常优秀的企业，他们是中国服装产业先进的代表，依靠几十年发展的积累，拥有优质的供应链资源，先进的制造体系，强大的产品研发能力，广泛的社会资源优势，因此有很强的韧性。相比之下，广大中小企业资金有限，资源不足，缺乏创新动力，易受外界因素干扰，从众心态严重，加之近两年诸多不确定因素影响，可谓步履艰难。

面临市场急剧转变和数字化转型迫切需要，中小企业真的需要榜样，需要可参考的，可借鉴的经验，而非那些对于他们来说"高大上""看得到、摸不着"的榜样！而当那些被频繁树立起来的"榜样"本身被繁杂的标签所覆盖，榜样就不再清晰，观望者一定会迷茫，最终选择无视，因为不知道该向他们学习什么？到底哪些是他们的过人之处？这些榜样对我有何意义？一方是不断获得各种荣誉称号，一方是对此不屑一顾，甚至完全不知。如此窘境，这些组织、评比、颁奖意义在哪里？

解决中小企业危局，不是靠出台几项政策就可以帮到他们，而是需要"感同身受""设身处地"回应他们的诉求，提出可以帮助中小企业走出雾霾的路径。那些大型企业的经验和模式，对于中小企业来说没有借鉴意义。没有起到对绝大多数中小企业示范和引领作用的榜样，都可被视为自我欣赏。

在这个信息透明、各方信息获取对等、信息日益碎片化的时代，哪个企业做了什么？做得怎样？成效如何？大众反应如何？如果我想知道，只要动一下手指，就可在任一平台上获取，只要动一下眼睛，就可在任一社交圈看到。

在这个网络世界里，从不缺各种各样的榜样，缺的是我需要的榜样。

服装本是一个传统的行业，在这个产业里，90%以上是中小微企业，他们资金有限，亦步亦趋，摸着石头都不敢过河。

服装行业亟须适合中小企业参照的清晰目标和榜样，他们不需要你告诉他学什么，而是需要知道做什么？适合他们的榜样在哪里？我们可以反观那些成功企业的经验，有哪一个企业是因为学了推荐的榜样之后成功的。

现时服装产业需要一些标杆企业引领产业发展方向，需要从"榜样"的模式中寻找答案，但更需要能影响绝大多数企业进步的榜样，需要行业绝大多数的认同，需要清晰且可触达的榜样，绝非被殿堂粉饰的榜样。

服装产业真的需要榜样来引领！

——2022年7月8日

第三章

服装产业谏言

○ 京津冀协同路径与共促内循环发展的思考

　　"京津冀一体化"战略提出已7年，三地服装产业在如何协同、如何一体化问题上仍然没有找到契合点，依旧是各自为战，互不关联。

　　党的十九届五中全会提出"构建以国内大循环为主体、国内国际双循环相互促进的新发展格局"。新形势下，京津冀服装产业又该如何协同，以内循环为抓手，优势共享，共谋发展？

　　1. 京津冀协同

　　实现京津冀协同发展是一个重大国家战略，要坚持优势互补、互利共赢、扎实推进，加快走出一条科学持续的协同发展路子。

　　京津冀协同发展，核心是京津冀三地作为一个整体协同发展，要以疏解非首都核心功能、解决北京"大城市病"为基本出发点，调整优化城市布局和空间结构，构建现代化交通网络系统，扩大环境容量生态空间，推进产业升级转移，推动公共服务共建共享，加快市场一体化进程，打造现代化新型首都圈，努力形成京津冀目标同向、措施一体、优势互补、互利共赢的协同发展新格局。

2. 大趋势下产业的响应

"京津冀一体化"战略给三地产业发展创造了前所未有的条件和大
环境，自2014年9月起，三地行业协会开始行动，包括举办各类论坛、
大赛、产学研结合等活动，大家都在力求探寻或尝试一体化的方式及
方向。同时，自2015年开始，北京近800家服装生产企业陆续迁出北
京。然而，随着时间的流逝，7年过去了，一切归于平静，诸多作为并
没有转化为三地产业间的优势互动，进而推动产业进步的动力。

京津冀服装产业间至今似乎没有实质性协同工作机制或措施落地，
三地产业依旧各自为战，互不关联。一方面，造成北京由于城市定位，
服装产业转移，大批设计人才无用武之地，"孔雀东南飞"；另一方面，
河北虽承接了来自北京的绝大部分产业转移，却没有带来人才的大量
输入。北京的产业输入并未从根本上推动河北服装产业的升级与发展，
而曾经的"北方服装名城"更是从容城消失。

大多数人认为，容城服装产业的消失是国家战略调整的结果，我
却对此不敢苟同……

3. 三地优势和现状

北京，拥有丰富的教育资源和人才储备，集聚北京服装学院、清
华大学美术学院、中国纺织科学研究院、中国纺织建设规划院等国内
知名时尚、艺术类高等院校及科研院所，每年培养大量时尚产业所需
的设计师、高级技师等专业人才，拥有一批国际水准的设计师队伍。

北京有成熟的消费市场，2019年北京居民人均消费性支出达到
43038.29元/人，较2018年增长了3195.6元/人，增速为8.02%；北京城
镇居民人均消费性支出达到46358.17元/人，较2018年增长了3432.52

元/人，增速为8%，居民衣着支出为2229.53元/人，同比增长2.48%。

北京拥有全国最大体量和最优质的商业资源，包括世界排名第二的SKP、单店业绩超过120亿元的国贸商城，有全国著名的侨福芳草地、蓝色港湾，也有时尚潮地三里屯太古里，这些商业早已成为全国乃至全球服装品牌拓展的必争之地。

天津，作为老的纺织工业基地，有很强的产业基础，服装与纺织密切相关，但天津并不是一个服装产业的先锋城市，现有服装企业500余家，作为老纺织基地之一，也造就出了诸如"大维""应大""米盖尔"等一些知名品牌。在迅速发展的服装产业中，面对国内外服装品牌的竞争，天津服装承受了巨大的产业压力。规模小、基础薄、发展慢的产业基因，使天津服装品牌始终没有得到更快的发展。

河北，清河县是世界上最大的羊绒集散地，羊绒在国际上被称为"软黄金""纤维之王"和"钻石纤维"。多年来，清河县采取多种措施，力促羊绒产业不断晋级上档，使清河羊绒产业生产规模不断扩大，产业规模达到150亿元，产品种类的不断丰富，市场需求的不断增长，国内消费者认知度的不断提高，产业链条的不断延伸，国际地位的不断提升，清河被誉为"中国纺织名城""世界羊绒之都"，但其羊绒服装始终在中低端发展，远远落后于浙江濮院，始终没有知名品牌出现，好原料没有造就好的服装品牌。

河北辛集皮革业历史悠久，始于明，盛于清，素有"辛集皮毛名天下"之美称。改革开放以来，辛集皮革业得到迅猛发展，构筑了以辛集国际皮革城、制革、制衣工业区并驾齐驱的发展格局，成为全国最大的制革、制衣和皮具的生产基地，被国家命名为"中国皮革皮衣之都""外贸转型升级专业型示范基地"。然而，由于企业缺乏设计人才，辛集皮革服装远远落后于浙江海宁服装。

"衡水工业新区服装产业园""廊坊永清国际服装城""沧州东塑明

珠服饰文化产业创意园"等类似以上在全国有一定影响力的服装产业集群地,在河北还有很多,但都面临着设计人才缺乏,产品同质化严重;虽有近千个注册服装商标,却极少有国内著名品牌;虽有大量的销售渠道,但以低端批发市场为主;制约河北服装产业进步的羁绊并没有因此而消除,"小而散,大而不精"一直是产业的标签,产业集群发展走到了瓶颈,特别是在网络数字时代,企业亟须转型升级,产业集群的发展方向需要重新定位。

河北服装产业有强大的产能,但需要品牌助力;河北服装产业蕴藏着强大的动能,但需要观念、机制、人才的输入和迭代。

4. 新背景下三地协同的路径

产业协同是京津冀协同发展战略中需要率先突破的领域之一。7年来,三地的产业疏解转移和对接协作步入快车道,区域产业链加快形成。"疏解非首都功能,既是减轻北京的'大城市病',让首都功能得到更好的发挥,同时也让疏解出去的企业突破自身发展瓶颈,在更为广阔的空间实现发展升级。"然而,由于京津冀各自区位定义不同,缺少统一的协调机制,三地服装产业在"京津冀一体化"战略提出已7年后,在如何协同、如何一体化问题上仍然没有找到契合点,依旧是各自为战,互不关联……

百年未有之大变局,新冠疫情,正在改变人们的思维方式,互联网的飞速发展,特别是5G技术的快速应用,在加速企业数字化进程的同时,也在彻底改变传统的商业模式。传统企业人才窘境明显,正在加大企业间差距,在以国内大循环为主体的新发展格局下,京津冀服装产业的协同发展,"联通、协同"已经势在必行。

(1)建立跨区域规划的编制与实施工作的新体制、新机制。京津冀真正的协同，首先需要打破地域界限、体制束缚，抛弃固有的偏见，从全局的角度出发，从三地产业整体发展的急需出发，从服务及满足大循环内需出发，充分发挥京津冀空间协同发展规划的综合协调平台作用，开展专项规划对接，加强重大空间布局问题的协商沟通。充分利用区域内智力资源密集的优势，以创新的思维方式思考未来，京津冀一体化才可能开始。

（2）成立京津冀服装协同发展办公室，建立长效工作机制，是扎实推进各项协同工作的前提，是具体项目落地实施的关键，是实事求是制定京津冀服装产业长远协同规划的先决条件。

（3）以"碳达峰、碳中和"为目标，坚持生态优先为前提，发挥高校及科研单位的资源优势，加快产业转型升级，建设低碳化、可持续、网络化的产业生态链。

（4）坚持"区域一体、协同发展"的原则，谋求设计创新、精工智造、渠道共享的协同发展与布局。促进京津冀产业功能合理分工，优化产业规模结构，着力培育有完整供应链的智造基地。强化京与津冀服务功能合作对接，共同构筑面向国内及国际的开放平台。

（5）组建由三地服装行业协会发起，高等院校、科研院所、大中企业、著名商业企业、互联网运营商、资本运营商、自媒体参与的"京津冀时尚产业联盟"，可以多角度、多维度促进三地优势互补、相融相通，加快服装企业品牌的打造与发展，以高效产能、优质产品满足内需，服务于内循环的发展。

（6）京津冀要在全国率先制定"京津冀服装产业电子商务行为规范"，是打造公平、良性市场环境，规范企业间竞争行为，营造"干净可持续"的网络生态的基础，是数字技术真正服务品牌发展的保障。

（7）建立京津冀服装知识产权服务平台，可以普及知识产权教育，优化市场环境，保护商标权、设计师权益及企业创新动力，营造良好的品牌成长与发展环境，助力内循环可持续发展。

5. 京津冀协同的愿景

打造京津冀协同、创新、产业链以及资源互动、有机连接而形成的区域创新生态系统，是京津冀规划赋予的区域使命。

（1）充分发挥三地产业各自优势，达到"术业专攻、优势互补"之目的。

（2）充分发挥区位优势，谋求"协同创新、共同繁荣"之理想。

（3）充分发挥综合资源优势，实现推动企业"品牌引领、转型升级"之目标。

（4）充分发挥科技优势，推动产业数字化进程，加快产业智造步伐。

——2021年6月18日

（文章发表于《纺织服装周刊》）

○ 河北服装业未来发展思考 ···

张国利（记者）：白总，您从事服装专业超过30年，深谙产业链上的每一个环节，您怎么看如今的服装产业？

白玉生：中国服装产业的发展就是改革开放40年见证，服装人用绚烂的服装装点了这40年美好的变迁，同时，在经历了无序发展、野蛮增长之后，服装产业也走到了十字路口、一个节点，从2018年初延续至今的负增长也印证了这一状况。

"四十不惑"的中国服装产业在国家政策转变、消费升级、渠道多样化、5G到来的今天正面临一次大的调整、深度转型、品牌再抉择的思考。

当一个传统产业面对互联网飞速发展的今天时，所产生的焦虑首先就是重塑产业链，进行供给侧结构性调整，以适应当今市场及企业发展需求。

张：白总，请您谈一下品牌建设对服装企业的重要性。

白：我们大家熟悉的Louis Vuitton、Hermès、BURBERRY等服装品牌有超过150年的历史，他们用耐心、专注、品质成就了百年奢侈品的地位，也成就了企业百年延续。

上次我参加一个论坛，提出了品牌对企业的"三无"性：一是"无企业不品牌"，企业创立了品牌，品牌延续了企业发展；企业靠品牌获得消费者认同，消费者靠品牌体现自己的能力和认知。所以，品牌是企业最大的财富。二是"无品牌不利润"，在未来两年，没有品牌的服装企业将无以为继。因为只有品牌魅力才能聚拢你的客户，只有品牌附加值才会给企业带来利润。三是"无品牌不长久"，现在是互联网世界，人们在做任何事情或产生购买行为之前习惯了靠"搜索"来获取信息，包括企业信息、商品评价等。企业的品牌形象和产品口碑，在这里变得如此透明和具象，你的品牌文化决定了你的受众群；你的品牌形象决定了你的点击量；你的品牌外延决定了企业发展的希望。由此可知，一个没有品牌的企业在未来如何生存，更何须奢谈长久。

如今的中国服装产业不缺乏时尚，不缺少优质的面料，更不缺少优质的工艺，但没有百年服装品牌，企业缺少长远的品牌规划和投入，缺乏"不忘初心"的工匠精神，我们应该深知：只有品牌才能成就百年企业。

张：您觉得品质与品牌之间是怎样的关系？

白：品质是品牌的标志，是品牌价值的体现，没有品质就没有品牌；同时，品牌确定了品质的属性，决定了品质的责任选择。

张：请您谈一下服装行业未来发展方向。

白：以产业联盟方式实现降低成本，以高度信息化简化流程，以5G应用实现全过程参与，以环保材料大面积应用实现真正可循环利用，这些都将是服装产业未来发展方向。

而创新、文化符号、极致品质、可参与设计消费体验等又将成为服装品牌今后发展的方向。

张：河北省的服装产业存在哪些问题？这些问题如何解决？

白：河北服装产业的发展经历了三个阶段：改革开放初期的起步阶段，20世纪90年代的发展阶段及21世纪初开始的提升阶段。形成了一批在全国颇具影响力的产业基地，如清河羊绒、辛集皮革、大营裘皮、宁晋童装、容城衬衣等；也涌现出童泰、华斯、东明、红太、衣尚等知名品牌。但河北服装产业总体在全国依然处于低层次徘徊的水平，具体表现为：第一，落后的企业性质。河北服装企业80%以上属于私有制性质，家族式管理，企业高层人员知识结构偏低，这也是制约其发展的根本。第二，落后且惰性的思维意识。这是影响企业进步的重要原因，体现在市场意识、人才引进、产品开发等问题上，大多数企业宁可做OEM或ODM不赚钱，也不愿意转型走品牌之路。第三，品牌出不去或出去叫不响。河北虽有近四千家服装企业，是服装生产大省，但在中国服装消费市场中被广大消费者认可的"著名品牌"却不足十个，产品大多集中在低端的批发市场。而个别企业虽有好的产品，但缺乏品牌企划、营销团队，使得好产品卖不出好价钱，虽有自己的品牌但走不出一亩三分地。

河北服装企业的信息化进程明显落后于全国。诸如以上问题，都是河北服装产业落后的写照。其实，改变以上落后状况并不难。

第一，借助政策，把握机遇。2018年专题研究"河北服装业转型升级"，提出一系列支持和扶持政策，给河北服装业带来了难得的发展机遇。关键在于各地政府职能部门、各企业能否意识到此次机遇对企业对产业未来发展的影响，能否切实将服装产业的投入用在企业所需上。

第二，借助高校，引进人才。河北有5所高校，每年培养近千名服装专业人才，为服装企业提供了坚实的人才保障，关键在于政府、高校、企业三者之间如何清晰自身位置，结合企业所需、市场需要，制订长远人才计划，为企业发展提供动力。

第三，借助平台，借势用势。依托互联网的优势和信息透明度，有针对性地全方位服务品牌企业，以各地"工业设计中心"为基地，搭建基于本地产业特色的"云平台"。

第四，搭建体系，整合资源。借助5G带来的便利，建立全产业链互联体系，为品牌企业整合产业资源，确保优势资源的专项供给，为品牌优质产品搭建保障平台。

张：您怎么看待河北省的裘皮服装产业？

白：河北的裘皮产业历史悠久，以大营、肃宁为代表的产业基地在全国久负盛名，形成了"买全国，卖全国"的市场格局，特别是改革开放40年河北裘皮企业和产品走向了世界。如同其他产业一样，河北裘皮服装产业目前也面临自身调整的需要：对养殖基地品种的把控、整合小微企业、控制总量、降能减耗、提高终端产品比重、提升高端产品比例等。

河北省作为裘皮服装生产大省，前面谈到的服装行业存在的问题在裘皮服装行业都存在，其中最显著的就是品牌不突出。据我所知，在我们河北裘皮服装有不少"中国知名商标"，但是都没有发挥出品牌优势，附加值没有体现出来。河北省毛皮产业协会做的裘皮服装服饰品牌大赛对于企业品牌提升很有意义，但是企业好像并没有足够认识到这项活动的意义。所以，我认为一些龙头企业、成熟品牌应该整合成品加工企业，减少无序竞争及对资源的无差异掠夺，是河北裘皮服装提品质上档次的关键。

张：裘皮服装距时尚之路还有多远？

白：裘皮服装因其原料成本原因，同时也因其雍容华贵的外观和材料的稀缺性，定位高端商品，零售价格始终居高难下，限制了消费群体，也就是说从一开始它就不是大众消费品、时尚的焦点。

作为配饰服装，裘皮服装有它自己的服饰语言和时尚定义，人们对裘皮服装的关注点更多地集中在它的纹理、手感、观感上。随着新生代消费群体的出现及消费升级，个性时尚成为主题，如何通过不同材料的运用及工艺创新将时尚文化融入裘皮服装？如何转变人们对裘皮服装的传统认知，吸引新生代消费群体的关注？我想这是决定裘皮服装与时尚距离的关键。

张：河北的服装企业（尤其是裘皮服装企业）如何破局？

白：裘皮服装基于其特殊的属性，在过去的20年经历了大起大落的过程，随着国民素质整体的提高，人们对环境及动物保护意识的提升，裘皮服装的需求整体会呈下降趋势，企业原有的经营状态不可能持续，积极转型或产业链合作，不失为应对良策。

同时"90后""00后"已成为新生消费主力军，生活环境优越的他们受各类综艺节目的影响，对服装的消费观念、意识以及方式都发生了变化，服装企业，特别是具有明显消费分类的裘皮企业，如何及时转变思维，以不断创新的工艺和款式适应新生代需求，进而培育裘皮新的消费观成为每个企业面临的必答题。

5G的到来，万物互联，在加速企业信息化改造的同时，借助5G技术，吸引国内外设计精英深度参与产品研发、打造原料基地、研发基地、产业园到消费者的深度互联互动平台，以真正的"新零售"俘获消费，这应是河北裘皮破局之路。

—2019年9月19日

（访谈发表于"河北毛皮产业网"）

○ 大纺织下，服装与纺织的协同

1986年11月28日，按照国务院关于服装行业划归纺织工业部统一管理的决定，中国服装工业总公司正式移交给纺织工业部。整个服装行业，包括轻工系统的中国服装工业总公司和其他系统的服装企业，全部由纺织工业部归口统一管理，在国家管理层面形成了完整的纺织工业产业链，构建了"大纺织"格局。

而当时的服装企业多为集体性质或大作坊加工状态，比纺织业要落后许多，发展非常艰难，成规模的企业寥寥无几，从业人员里大中专毕业生微乎其微，更不用说大学生，整体知识结构层次非常低。所以被划归后，有人戏称为"小马拖大车"。那时候，大批服装企业"被组织"到纺织企业参观学习，成为一道风景。

针对服装行业落后的现状，纺织工业部从抓产业规划、抓设计人员培养入手，先后推出一系列举措：

（1）1986年，举办"首届全国服装设计金剪奖"。

（2）1986年12月6日，我国首次发布"服装流行趋势"。

（3）1988年8月6日，第一个"我国服装工业发展战略研究"科研课题在京通过专家评议。

（4）1991年12月10日，中国服装协会在京成立。

（5）1993年5月14～19日，"首届国际服装服饰博览会"在京举行，博览会规模盛大，23个省市300多家企业，以及法国、意大利、英国、美国、德国、日本、韩国、奥地利等国家和地区的200多家企业参加了展出。世界时装设计大师——意大利的瓦伦蒂诺、费雷和法国的皮尔·卡丹应邀在博览会上举行专场时装表演。

以上一系列举措，极大地推动了服装产业的进步，体现出国家推动以服装设计引导纺织产品研发，以大纺织带动全产业进步的目的。特别是在设计人才培养上提供了展示的舞台和中国品牌与外国品牌交流的机会。三十年前的许多活动一直延续至今，服装产业在与纺织的不断融合中加快了进步的速度。

服装业划归纺织至今36年，纺织以其强大的工业基础、先进的科学理念、优质的产业队伍，影响并带动了服装产业的飞速发展，服装产业"今非昔比"。这当中，大批服装企业"走出去，请进来"，主动对接纺织企业或高校，打造"产学研"一体，收到很好成效。特别是作为中国服装制造品牌"申洲""即发""晨风"等企业的成功，无一不得益于与纺织企业的紧密合作及对上游纺织原材料的持续研发投入，从而赢得国内外品牌的青睐。

纺织的水平决定了服装的档次，服装的品位是纺织水平的呈现。

2020年，中国纺织综合科技水平迈入世界纺织科技强国行列。大纺织无论在研发能力、科技整体实力、数字化水平、标准化体系建设及产业理念上，都是目前服装业远不能企及的。

2019年3月11日，由中国服装协会打造的"中国服装优质制造商联盟"（以下简称"联盟"）在杭州临平时尚工园宣告成立，承载着为行业具有创造力的制造企业市场推广、商贸对接、资源链接、上下游协同发展的服务平台和创新平台的功能与使命，以创新链配置资源链，优化产业价值创造生态，围绕着科技创新、文化创意和责任导向，推动行业的转型升级和高质量发展。联盟成立三年多，在与江苏、浙江地区品牌、产业集群、市场形成有效的协同与配合，更快、更有效地了解消费变化、流行趋势和企业需求，更方便找到优质合作伙伴方面，做了大量的工作。然而，目前入盟企业虽近200个，但纺织企业占比不到15%。在联盟举办的许多对接活动中，各企业依旧是在传统的圈内"寻鸡找蛋"，优质企业的结盟更多地在产品端徘徊，远没有达到"1+1＞2"的效果，更没有带来以服装开发带动纺织材料创新的"蝴蝶效应"，联盟也没有成为促进服装与纺织高度融合的示范。没有优质纺织企业的加入或纺服企业间的良性互动，"中国服装优质制造商联盟"也许会成为一只跛脚鸭。

在科技与时尚紧密结合的今天，在消费升级、需求日益个性化的背景下，纺织期盼能将最新的科研成果尽快转化为生产力，在服装这一终端产品上实现材料的高附加值，纺织需要服装的配合；服装产业在新材料、新工艺及数字技术推广应用上又亟须纺织的协作。

在"专精特新"企业培育上，纺织与服装互为加持，又互相制约。大纺织能否实现"以服装为龙头"带动全产业链高质量发展？服装又能否撑得起这个"龙头"，在很大程度上取决于服装与纺织主动相融、互联、互通、互动的程度，而真正"大纺织格局"的建成，又取决于纺织与服装的万物互联程度。联合纺织服装优质企业，构建高校、纺织、服装产业复合体，打造纺服产业航母，在这个工业互联网的数字时代成为可能。

中国服装产业能否在这个战略转折期实现自己确定的"十四五"目标，最终将取决于服装与纺织的协同互动程度。

——2022年6月29日

○ 多一点尊重，多一点空间

俗话说：高手在民间。我们不缺创意，缺的是对创意的尊重。

服装是时尚产业的支柱，而创意是时尚产业的根基。多一些对创意的爱护和尊重，企业就多一些创意的意愿，市场上就少一点抄袭仿冒。否则，喧闹的网络、碎片化的信息，只会使人们甘愿沉沦当下的造梦空间，又有谁愿意为创意付出时间和成本？又有谁愿意为这个根基添砖加瓦？

我们有时尚产业的基础，但缺乏时尚创意的能力。我们有庞大的时尚消费群体，但缺少基本的知识产权保护生态。我们在不厌其烦地宣讲时尚产业的意义时，更需要谈如何给时尚创意营造肆意的空间。

中国服装从传统产业向时尚产业转型，不是一个标签的转换，是理念和生态的改变，而这一改变背后，一定是对过去传统产业弊端的自省和修正，一段刮骨疗毒、壮士断腕的勇气，否则，怎么会有时尚产业未来"正确"的发展方向。

中国服装"十四五"规划实施已经进入第二个年头，在这个不确定的时期，我们要确定产业的理念：对创意，多一点尊重，多一点空间。

—2022年7月1日

○ 如何推动服装行业的"三品" ·····················

　　《中华人民共和国国民经济和社会发展第十四个五年规划和2035年远景目标纲要》明确提出推动制造业产品"增品种、提品质、创品牌"。近日，工业和信息化部、商务部、市场监管总局、药监局、知识产权局五部门联合发布了《数字化助力消费品工业"三品"行动方案（2022—2025年）》（以下简称《行动方案》），"三品"战略已成为引领消费品工业高质量发展的重要抓手。

　　作为消费品工业重要组成部分的服装产业，近几年，虽在数字化转型方面取得了长足进步，但在"三品"行动上却步履艰难。原因主要有以下四点：

　　（1）服装行业传统且落后的产能依旧庞大，受庞大消费基数的支撑，供给侧结构性改革短期内难见成效。

　　（2）经营者作坊式的狭隘思维和短视依旧是其根本转变的羁绊。

　　（3）近两年服装企业被逼的数字化转型并没有给经营者带来思维上的深层次思考，反而给其带来了更多的浮躁和急功近利。我们看到，原来企业间在线下市场的无序竞争转到了线上；原来只能局限于在本地的竞争，因为互联网的助力，转变为在全区域无死角的拼杀。每一场动人心魄的直播数字背后，都是企业滴血的成本。为获取流量，为可以在这个网络世界生存，企业在不断"增品种"的压力下，已无力为"提品质"付出更多。

（4）绝大多数企业把数字化转型的投入，更多地用在了线上渠道的拓展，而非真正的对传统生产流程和经营管理模式的再造。

"三品"行动既是国家目标，更是产业可持续发展的关键。服装行业如何落实和推动"三品"并使其转化为企业自愿行动，进而转化为企业目标，确实需要相关部门下一番功夫，需要上下联动，更需要一次行业的"再教育"革命。

提供以下几点建议：

（1）根据"三品"目标并结合服装产业"十四五"规划，由中国服装协会编写统一的服装行业"三品"行动培训指南，各地协会或机构以此为教材，在全行业持续开展针对中型以上企业高管的在职培训，并将培训结果列为对企业考核的关键指标。这种培训看似传统，但对于改变行业现状大有裨益。

（2）在优质产业聚集地协调地方加大各项政策支持力度，打造践行"三品"行动的示范单位，重构地方产业优势。

（3）加大对现有优质资源的再整合力度，如对已有的"中国服装优质制造商联盟"再升级。充分发挥数字技术带来的万种可能，构建有序的产业生态，树立工业互联网与消费互联网完美融合、和谐共生的典范。

（4）基于服装企业现状和人员构成特点，结合《行动方案》制定适合服装企业的"专精特新"评价标准，使更多致力于创新引领的企业加入其中，享受政策红利，助力企业提质增效。

服装行业是时尚产业先锋，对个性需求的反应速度和对供应链协同的把控，是决定时尚品质的基础。对民族文化精髓的汲取和对文化符号的提取，是决定时尚创意理念以及获取消费认同的前提。而对文化的矢志传承和对服装进步的不懈投入、垂直深耕，是带来品牌高附加值的关键，也是"创品牌"的唯一途径。

推进数字化助力服装产业实施"三品"战略，更好满足和创造消费需求，增强消费拉动作用，促进传统服装行业加快迈上中高端，更好满足人民对美好生活的向往，是我们这一代服装人的责任。

—2020年7月5日

○ 给狂热的元宇宙降降温

近日，看了一个"首场元宇宙童装大秀"视频，感触很多，视频中片头和背景部分做得还可以，但小模特们的服装实在缺乏童真、童趣，如成人般装束，不符合"童装时尚"这一概念，看来在童装设计上设计师还需再努力，真的需要用"童心"设计童装。

另外，看视频时我在不断说服自己，努力让自己融入这个"元宇宙"。

在玩概念、蹭流量上，真的有行家里手。我们的企业也经历了太多的被误导、被忽悠。"元宇宙"在时尚领域如何助推产业数字化升级？有大量基础工作要做，尚需深度探讨和研究，切不可玩概念，忽悠自己，误导产业，更不能靠修图来虚幻我们的思维。

对待新科技，我们真的需要有一种敬畏之心，需要一种对科学的尊重和审慎，否则，肤浅和浮躁只会让我们的产业失去发展的根基。

已经过去的2021年是元宇宙（MetaVerse）元年，这一年围绕元宇宙技术全球进行了狂热的炒作，其中有说它代表着未来，有说它以"雪崩"开始也以"雪崩"而亡，更有说它使社会不会发展，是引导人类走向死路一条等。

服装界近一年当中，在各种场合也开始谈论元宇宙或号称已经开始畅游元宇宙。于是，各类秀场或活动都尽可能冠以"元宇宙"，借此显示与众不同，引领超凡，似乎我们的服装产业一夜之间已经开始布局元宇宙。

然而，中国服装产业的科技进程现状是：需要推进制造基础装备与管理信息系统的数字化改造，突破设备设施与生产管理系统全面连接的瓶颈，加快企业数字化转型等大量基础工作。由此可见，我们的服装产业连最基本的元宇宙构成要件都不具备，怎么"弯道超车"进入元宇宙？

产业的健康可持续发展需要有前瞻的思维，超前的概念引导，但不能为博人眼球提前消费概念。做好基础研究，加快产业网络基础设施建设，构建基于全产业链的智能互联、多维度信息化基础，才是我们服装人2025年前该做的思考和宣介。

网络世界带给了我们太多的梦想，但在产业基础建设上，不应该有浮躁的虚构。

——2022年7月27日

第四章

服装产业情怀

○ 我与服装业的那份缘由 ⋯⋯⋯⋯⋯⋯⋯⋯⋯⋯⋯⋯⋯⋯⋯⋯⋯⋯⋯⋯⋯

我时常回忆起四十一年前自己的那次选择，与服装业的"缘"原本出于无奈，但细细想来也是"缘"本应该。

1981年高考结束，我填报了唯一志愿"中国人民武装警察部队学院"（现中国人民警察大学），完成填报十天后去做了面试政审，随后便开始在家耐心等待。那时，每过几天我就要跑到"信报栏"去看有没有来信，但每一次都失望而归。感觉那一年的夏天特别长，一直等到9月初依旧没有音讯，我便到"高招办"询问，这时才知道我的名额被人顶替了。高招办主任了解了我的情况后，同情地向我推荐："有一所技校服装设计专业还可以安排，如果你去，也要顶去一个人。"对于已经参加了两年高考的我来说，此时已经没有选择，便点头同意。很快我便被录取，走进了服装专业课堂，没曾想，由此开始，这一课就上了四十年。

其实，仔细想来，我进入服装业也是命里注定。我父亲是中国人民解放军太岳军区被服厂干部，母亲是这个被服厂工人，他们退伍转业后来到石家庄一家国企工作，这又是一家与服装相关的纺织企业。

记忆中，我小的时候（20世纪60年代末至70年代初），家里就有一台缝纫机，经常看到父母从外面买回面料，母亲拿着别人的一件衣服做参照，然后裁剪，老爸负责缝纫，就这样，我们兄弟姐妹四人的衣服在父母的飞针走线中缝制出来，穿在了我们身上。每每此时，父亲就会让我坐在自行车上，带我去外面转几圈，赢来外人几声对父亲的赞许。父母就这样给我做衣服，一直到我高中毕业，也培养了我对服装流行款式的最初兴趣和穿衣的讲究。

与服装的那份缘也许在那时就已经注定，只不过，老天爷在我迷茫选择时推了我一把。现在想来，真的感谢四十年前那次选择，让我学会了用画笔描绘心中对服装的构想；在20世纪80年代，一次次用设计和创新赢得行业认可和消费者赞赏；在90年代后期又带出一批设计人才，几年后他们都成为休闲品牌的设计总监。

真的庆幸四十年前那次选择，让我参与并见证了中国服装产业的发展，我也因此而进步，因此为这个产业今天的辉煌而自豪。

时至今日，我发现自己本来就为服装而生，而我则用对这个行业的热爱，在服装业四十年全产业经历给自己贴上了标签，我本就属于服装这个产业。

—2022年4月15日

○ 我与"品牌托管"模式

20世纪90年代初期，我成了石家庄服装行业里技术人员最早"砸掉铁饭碗"下海谋生的人，来到广东。

1998年3月，我辞去"广东恒威集团"产品总监（下辖：设计部、板房、质检部、采购部、企划部）的职务，到"广州酷啦啦服装有限公司"任总经理，我近11年的服装设计履历就此结束，这是我从业经历的一次转变，一次由设计师向经理人的转变，这次转变，彻底改变了我之后25年的人生之路。

在"酷啦啦"公司，我开始全面接触品牌管理及市场营销，走访终端，与经销商或加盟商交流，对全国主要市场状况有了最初的认识。

1999年，经朋友推荐，我到"广州佛伦斯服饰有限公司"任总经理，在此工作两年，直接参与了"佛伦斯"品牌的策划、公司架构搭建、销售渠道建立及首批加盟商的招募等工作，为"佛伦斯"品牌今后的发展打下了基础。2006年，"佛伦斯"已经成长为国内著名的高端男装商务品牌。

四年品牌公司总经理岗位的磨炼，加上我对上游生产企业十几年的了解，加深了我对服装品牌企业的认识，也找到了品牌营销企业的痛点，我开始寻找机会走自己的路。

2002年春节刚过，我来到北京，开始了创业之旅。

2003年3月27日，参观"第十一届中国国际服装服饰博览会"国际展馆，一个德国男装品牌服装以它极富设计感的款式和人性化的细节，深深地吸引了我。凭借设计师特有的眼光和市场预判，我决定拿下该品牌在北京的经营许可，这就是我随后做了十四年的卡拉玛（CALAMA）男装。

有了目标，接下来便是思考以何种方式与品牌方合作?

从20世纪90年代到21世纪初，这十余年时间是中国服装品牌市场最活跃、成长最快的时期。国外品牌纷纷进入，国内中高端品牌大量涌现，在这个时期各类营销模式开始助推品牌快速发展。当时企业采用的营销模式主要有四种，对甲乙双方各有利弊，也是不同阶段市场的选择。

1. 经销

经销是企业或个人为另一个企业或个人按照双方所签订的经济合同销售商品的经济行为。经销对于生产企业来说没有库存压力，是最好的销售方式。

而经销商则采取买断的方法，可以大部或全部掌握货源，然后在双方约定的区域将商品批发或在零售商店进行销售。经销是市场最传统的营销模式，可以追溯千年。这种营销模式，考验的是经销商的资金实力及市场眼光。改革开放之后的二十余年里，经销依然是促进商品流动、市场进入的主要商业模式。

2. 代销

代销是经销模式的升级，建立在双方互信的基础之上。

代销方（乙方）向企业缴纳一定数额押金或一定比例货款，即可提走所需商品，每月实销实结。代销模式可以减轻乙方资金压力，同时增加商品供给，为销售提升创造了条件。

3. 自营

自营是指企业为推销产品，在全国各地设立办事处并派人入驻，负责当地的市场营销管理，可以简单理解为"自产自销"。各个企业在各地设立办事处的多少，一定程度上是企业产品市场份额、销售业绩和企业资金实力的体现。

改革开放之后，最早一批进入市场并被大众认知的服装品牌包括：杉杉、庄吉、波司登、顺美、威鹏、波顿、太和、爱德康等，在营销方式上都是采用在各地设立办事处的方式，那时候，如品牌商聚集在一起，互相炫耀的是"我们在全国有多少家办事处"。

这种方式，在保证了企业利润最大化及商品高效周转的同时，也给企业带来了巨大的财务负担。

4. 加盟

加盟指商业品牌的代理加盟，加盟是品牌所有人（甲方）与零售企业（乙方）间持续契约的关系。根据契约，甲方必须提供给乙方在指定区域的一项独有的商业授权，并加上人员培训、组织结构、经营管理、商品供销等方面的无条件协助。而加盟店也需付出相对的报偿。加盟特许经营的经营形式种类有很多，依出资比例与经营方式大概可以分为自愿加盟、委托加盟与特许加盟。

21世纪初的十年，是中国服装市场品牌加盟最活跃的一段时期，大量中高端品牌依靠加盟商在各地拓展市场，发展迅速，成为服装品牌营销的主要模式。那时的品牌商坐在家里就会有投资人找过来要求加盟，投资人为了拿下一个品牌加盟权一次性投入百万是很正常的事情，太多的人因为成为加盟商而圆了财富梦。

以上这四种营销方式，对于品牌公司来说，都涉及一个对终端店铺的远程管理问题。在那个没有互联网普及的时代，总部要完成对零售终端（或加盟商）的管控要付出很高的成本，对店铺的实时监控只能依赖固定电话和传真机的交流，依靠员工的自觉。总部不定期派人到各店督导，成为管理品牌风险的唯一方式。对零售终端的远程管理缺乏时效性且费用太高，成为品牌方营销管理的痛点之一。

另外，在市场拓展方面，品牌方为在一个目标城市开店，需要一年甚至更长的时间往返疏通，投入大量精力和财力，还不确定能否开成。所以，地方商业资源不多、拓展费用太高，是那个时期所有品牌公司的痛点。

在分析出品牌方存在的以上两个痛点，以及各类营销方式的利弊之后，结合自身掌握的市场优势，我提出了"品牌委托管理"模式（以下简称"托管"）。

2003年10月15日，我带着新的营销概念，来到卡拉玛服装（青岛）有限公司。在对方对我一无所知的情况下，我们进行了长达四小时的沟通，重点是自我介绍增加对方的了解，同时，详细讲解为何我与他的合作适合一种新的模式，在经过三轮交流协商及对方通过圈内口碑调查，我终于说服了对方。

2003年10月26日，我再次来到卡拉玛（CALAMA）青岛公司，公司接受了我提出的"托管"建议，愿意与我共担风险，尝试一种崭新的合作模式。中国服装营销市场第一份"托管"合同在此正式签署，一个全新的品牌营销理念开始出现，我也因此拿到了我营销履历中第

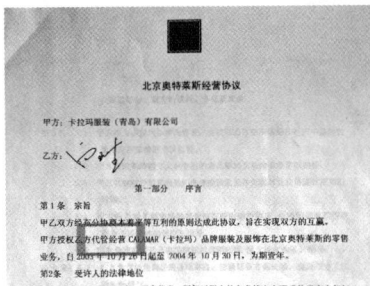
中国第一份品牌托管合同

一份经营合同。

在与卡拉玛（CALAMA）成功合作后，我用一年时间，完成了甲方至少三年才能完成的开店计划，可以想见，我们又以同样的模式续签了第二份、第三份合同……就这样一直合作了十四年，也因为有与卡拉玛很好的合作，在随后的十余年中，我先后与12个品牌签署托管协议，帮助这些品牌在各地开店32家。

2004年12月，在一次商家举办的供应商酒会上，我向品牌方代表们详细介绍了我的"托管"模式，大家第一次听到了"托管"这个词，2006年开始，托管模式开始被一些服装品牌公司采用，取得了良好效果。"托管"模式在口碑相传下，让更多的企业选择了这一模式，以在降低拓展费用的同时加快品牌推广。

托管模式自2003年推出，经过几年完善，在2012年又细分出"大托""小托"模式。如今，托管已经成为营销领域公认的互利双赢模式，它的出现，极大地加快了中国服装品牌市场拓展的脚步，同时对品牌业绩的快速提升起到了积极的推动作用。

——2022年4月18日

○ 名词注释：品牌委托管理

1. 概念

品牌委托管理，简称"托管"，是品牌持有者将品牌在某一区域的市场拓展及日常经营管理活动授予他人的行为，是一种强强联合的紧密合作，建立在委托方（甲方）对受托人（乙方）充分了解和信任基础之上。

2. 优势

托管的达成，建立在双方各自有对方不可替代的优势，而这种优势恰恰是互补互需的。在实际运作过程中，甲方发挥自身的品牌及货品优势投入支持，乙方可以发挥自身商业资源广泛的优势，在较短的时间按甲方需求完成拓展开店。同时对在营店铺实时督导管理，及时向甲方反馈各类终端信息，托管模式很好地解决了传统营销模式带给企业的痛点。

3. 模式

（1）甲方负责终端形象设计、装修及相关费用。

（2）甲方负责提供商品。

（3）乙方向甲方支付托管保证金。

（4）乙方承担终端的经营费用。

（5）甲方每月按终端销售情况，向乙方支付佣金（托管费）。

4. 分类

根据双方协商承担运营费用的内容及比例多少不同，托管又可分为"大托"和"小托"。

5. 模式创立人

品牌委托管理，简称"托管"，由资深服装人白玉生，在总结其近二十年服装从业经验及对品牌运营双方透彻的了解基础上，于2003年正式提出，并与"卡拉玛服装（青岛）有限公司"在2003年10月26日签署了中国服装市场第一份托管经营合同。经过三年的不断完善，形成了一套完整运营方式，2006年之后，在服装业营销领域广泛采用，至今仍是品牌推广的主要模式。

—2022年4月18日

○ 有耕耘必有收获

——记石家庄市胜利服装厂 青工白玉生

8月11日，石家庄市首次举办服装设计大奖赛，他，石家庄市胜利服装厂23岁的青工白玉生，设计、参赛的五套服装全部获奖。其中两个一等奖，一个二等奖，一个三等奖，一个纪念奖。当市委领导把奖品和证书发到他手中时，全场报以热烈掌声。

在千变万化、激烈竞争的服装市场上，白玉生以扎实的功底，几次在服装设计中显露头角，成为《中国服装》杂志主编潘坤柔手下的得意门生。平时，他着意观察人们穿着变化的特点，了解人们对时装新款式的追求。他先后到过几个大城市实地调查，搜集探寻服装流行款式，逐渐掌握了时间、地域、场合等方面的服装设计要求。为了了解世界服装信息，他还订阅了《世界知识画报》《环球杂志》《世界风情》，以求直观地看到世界服装在款式、色彩上的变化，博采众家之长，创造出了许多受人欢迎的款式。去年，他设计的毛领大衣、青果领大衣投放市场后很快销售一空。

白玉生除学习服装设计方面的专业书籍之外，还学习《美学》《心理学》《中国哲学史》《中国通史》《世界史》以及一些中外名著。他阅读这些书籍，为的是了解风土人情，丰富自己的设计想象。

有耕耘必有收获，几年来，白玉生的作品先后在《中国纺织报》《现代服装》《美与生活》《中国服装》报刊上发表，他成为省服装技术协会会员。

—1987年9月5日

（文章发表于《河北工人报》，记者：李志发）

○ 尽得风流绘霓裳

—— 记我市青年服装设计师 白玉生

主人姓白，戏称斗室为"白宫"。从那塞满床头的五彩斑斓的时装书，不难猜出主人的职业和爱好，一堆金灿灿的奖杯、红彤彤的证书，静静地待在角落里，无言地向人们历数着他奋斗的足迹。

他不平凡，在全省同行业中他也算是佼佼者：从1987年到现在短短四年时间里，他设计的时装获得国家级奖一项，省级大奖两项，一等奖一项，二等奖一项，市级一等奖四项，二等奖两项；他又很平凡，有常人的苦恼，有常人的快乐，只不过在事业上比常人付出了更多的艰辛。

他，就是市胜利服装厂设计室主任白玉生。

一般朋友相识，总是要有媒介的，我是从他设计的时装认识他的。

前不久，我观看了河北省第二届时装设计大奖赛发奖仪式，之后是部分获奖作品表演。当我正在感慨当今时装是女子世界的时候，突然，音乐旋律一变，健步走出四个虎虎生气的男模特，踏着动感很强的节奏，身着黄铜色的夹克系列装，华贵的黄铜色，新颖别致的款式，料子很亮、很软，在彩灯的照耀下，真是流光溢彩，眩人眼目。几个小伙子在衣服的映衬下，更显得英姿勃发。朋友指点，这就是白玉生的作品，获大奖的作品！于是我记住了这套衣服，进而也了解了这个人。

　　创作这套男装系列夹克，从构思到拿出成品，他用了两个月的时间。刚开始，许多人劝他，现在市场上到处是夹克衫，你凑这个热闹儿，能得奖吗？小白偏偏认准了这个目标，"要干就干个富丽堂皇！"

　　搞时装设计，贵在个性，一味地模仿别人，永远也成不了大器。为了搞出具有独特风格的男装系列夹克，他大胆选用了具有女性柔美的素软级，领型采用多层领、加宽青果领等样式，迎合了当今青年男装女性化的潮流。为了增加色彩的变化，在兜口、领子等部位，他设计了浅黄色的罗纹口。谁知，这种罗纹口哪儿也买不到，为了这几公斤的罗纹口，他多次与市针织厂的工人师傅们一块搞试验，最后终于染成了。

　　时装，作为集实用与审美为一体的艺术作品，应该是现实与浪漫的结合。华而不实与平庸无奇都难以流行于世。小白的创作风格，就是追求"华"与"实"的有机融合，重在实用性。"大众的需求就是我的责任"是他的人生信条。

　　1986年，社会上经常呼吁为中老年设计一些服装。一种强烈的责任感驱使着他开始了这方面的探索。走在马路上，他留意观察中老年人的穿着习惯和体型特征；出差到外地，他便到大宾馆门前去"蹲坑"，观察国外中老年人的服饰，回来后反复琢磨勾画。一年后，他在我市率先推出了中老年高档系列夹克衫，既适应潮流，又不失稳重，赢得了1987年石家庄市"旅游杯"设计大赛两个奖项，一个二等奖和一个三等奖。9月，在北京召开的"全国服装鞋帽时新产品展销会"上，1500件高档夹克衫被抢购一空，为厂创利万余元。

　　1989年9月，在"第四届全国服装设计金鸡奖"大赛中，小白设计的中年女装系列夺得优秀设计奖。这是此次大赛他为河北省获得的唯一奖项，也是历届全国大赛中的第一次。从北京领奖归来，有人对他说，你终于成功了！可他却丝毫没有感到喜悦，相反，在全国同行面前，他感到自己是那样渺小。

　　按说，自己有这般好手艺，"近水楼台先得月"是很自然的，可是见了他几次，穿着却很简单、随便。一问才知，除了裤子，其他的衣服都是买的，就连家人的衣服，他都顾不上做。他总觉得花许多时间打扮自己不值得。

　　是啊，也许只有服装设计师，才真正懂得衣服的价值，也才真正懂得最需要他们去美化的是人民大众。几年来，他设计的中老年装、青年男女装、童装、职业装已达150余种。每当走在街上，看到人们穿着他设计的服装，小白心里便会产生一种自豪感和幸福感，也就是这种感觉，督促他不断把新作奉献给社会，点缀美好的生活。

《石家庄日报》文章《尽得风流绘霓裳》

—1990年11月13日

（文章发表于《石家庄日报》，记者：高虹）

○ 深耕供应链超过 **30** 年，这次他的梦想是产业云平台

　　白玉生这次回石家庄，想干一件有意思的事儿。

　　"我想表达这么两层意思：老白又回来了，这么多年他从未离开过服装行业，还一直在做设计、供应链、智能制造……"白玉生说。

　　用一个"又"字开始他的故事，显得他与石家庄"那么的不认生"，而白玉生本身就是一个很长的故事：刚参加工作时做过石家庄胜利服装厂设计室主任，获得过"新长征突击手标兵"称号，30岁时被纺织工业部评为"服装设计师"，服装设计奖拿到手软，离开石家庄后，先后在佛山、广州、深圳生活过，最后落在北京。在广东时，他主持开发的"威鹏"羽绒服，创下单款销售近十万件的纪录。

《燕赵晚报》文章《深耕供应链超过30年，这次他的梦想是产业云平台》

白玉生从事服装专业超过30年，深谙产业链上的每一个环节，不仅如此，他还对产业发展趋势有独到见解，对产业互联网、智能制造有可操作方案。

"在北京期间，我在服装营销领域第一个提出并运作'品牌托管'概念，曾运营托管八个国内男装品牌和三个德国品牌在国内市场的发展，所以对零售终端管理、渠道建设、品牌管理也有一定的理解。去年春天，当我拿到《河北省服装产业转型升级行动方案》后，觉得自己的下半场可以好好地做一件事。"白玉生说。

这是他眼中"有意思的事儿"之一。

在《河北省服装产业转型升级行动方案》中提到，到2020年，全省服装产业时尚设计能力和智能制造水平明显提高，品牌引领作用和产业发展质量明显增强，河北省要打造先进服装制造高地，在男装、衬衣、休闲装、裘皮皮衣等细分行业各建成1～2个智能工厂或数字化车间……"我读到这里时，觉得有一种做事的冲动，说实在的，这么多年来，这样的冲动已经很少在心底发生。"

白玉生对河北省服装产业有很深的了解，他说："河北省是服装制造大省，但不是强省，我去过很多企业参观调研，发现设计、制造、品牌管理都停留在工业2.0时代，距离智能制造有较远距离。河北省有七大服装产业集群，但知名品牌少之又少，在石家庄的百货商场很少看到本地的知名品牌，而在新消费时代，随着人们越来越愿意为品牌和创意溢价付费，过去的服装制造模式急需升级。"

"你有多么个性，就能多么吸引人，但个性从哪里来，来自设计，来自大数据。而大数据离不开产业互联网，在人体测量数据库、三维人体测量、板型设计、3D可视化及虚拟试衣方面，技术对产业的贡献越来越明显。"白玉生说，产业互联网平台的搭建，不是一家两家企业能做起来的，《河北省服装产业转型升级行动方案》给出了建议，他想以自己深耕服装产业上下游这么多年的资源，为产业升级做点事。

"我规划了一个服装产业联盟，以联盟为基础搭建一个产业互联网平台，即'服装产业云平台'。这是一个创新、服务和示范三位一体的平台，平台上整合设计中心、物料供应、中央裁床、生产基地、设备供应、物流中心、渠道服务、资本支持、管理咨询等服务，为产业发展提供基础设施，构建从产品研发到生产、零售终端的专业、高效协作体系和优质优价的制造生态圈。"白玉生说。以平台上的设计中心为例，小的服装企业请不来大牌设计师，但它有设计需求，当有需求时可以向平台发布，由平台上的入驻设计师接单，设计师出图后，在中央裁床制板。"我在国内有一百多家设计工作室资源，懂得设计师的需求，也懂小企业的需求。其实中小企业对中央云平台的需求度非常大，云平台在产业协作体系中有巨大的作用。

从2018年秋天至今，白玉生一直在积极推动云平台的建设，他说自己有产业上下游的一定资源，对供应链的理解也很深，但这样一个云平台需要政府相关方、行业协会及企业共同推进，平台开放之时将对河北服装产业时尚设计能力和制造水平的提高起到极大的推动作用。

——2019年1月27日

（文章发表于《燕赵晚报》，记者：安文联）

○ 夹克衫，服装市场的主角

变幻莫测、富有时代气息的夹克衫将成为未来两年内我市服装市场的主角。

近年来，服装市场繁花锦簇，瞬息万变，可当你回顾这万花筒般的时装世界时，就会惊奇地发现：造型轻便，俏丽、活泼而富有朝气的夹克衫独树一帜。一款高档方领夹克衫唤起了中老年人对美好生活的渴望，给人留下了青春常驻、稳重大方的感觉。青年男子穿一件牛仔夹克更显出阳刚之美，给人以精干、潇洒的感觉。一件短小精细的夹克衫，穿在姑娘们的身上，显现着当代女性的风采。天真活泼的儿童，穿一件拼色夹克衫，更显出聪明伶俐。

时装化、流行化、大众化和普及化是人们对穿衣所寄予的"四化"要求。夹克衫的出现，可以说正符合了人们的"四化"要求。石家庄人可能都有这种感受，春秋两季的风沙是最令人难耐的。前几年曾风行穿西装，但由于其开领式造型，使得每当风沙蔽日时，穿西装的人便不知所措，两扣都系上显得土气，把领子竖起来显得流气。无奈何，只好任凭风沙亲吻胸膛。再加上西装颇多拘泥的讲究，所以1987年夹克装崭露头角时，人们便无情地抛开了西装，接受了穿着随便大方、经济实用的夹克衫。

石家庄的经济收入低于上海、广东等地，着衣常以中、低档为主，择衣重视价格适宜。而夹克衫品种款式繁多，有骑士服、滑雪服、狩猎装、击剑衫等，制作工艺可繁可简，面料适合性广，这样就使得夹克衫的成本有高有低，满足了不同层次消费者的需求，适合石家庄人的消费特点。

体现20世纪90年代风采的夹克造型，将是1990～1991年服装世界的主流。款式上或偏短或偏长，宽搭门大折裥、登领、双领式，工艺上多止口、切线。颜色上受在北京召开第十一届亚运会的影响，以橘黄、中国红、浅绿、深蓝等鲜艳明快的色调为主，采用水洗布、牛仔布、涤纶、麻、府绸等面料。局部用绣花、静电植绒等方法将代表体育运动的小造型加以点缀。

踏进90年代，人们在衣着方面讲求多样化、时装化和个性化。实用舒适、轻便自由、高雅别致、变幻莫测的夹克，将以特有的魅力赢得石家庄消费者的心。

《石家庄日报》文章《夹克衫，服装市场的主角》

—1990年1月7日

（文章发表于《石家庄日报》）

○ 春日风衣飘洒洒

　　风衣也称风雨衣，春秋季节，人们在上下班、外出办事、旅游时常穿用它，既能御寒，又可遮挡风沙，同时，一件穿着得体的风衣，自会给你平添一番潇洒。

　　风雨衣的出现距今已有近百年的历史。第一次世界大战中，英国陆军时常在雨中进行艰苦的堑壕战，为了使部队的军服适应战争环境，英国衣料商托马斯·巴尔巴尼研究开发了堑壕用防水大衣。当时的款式为双襟双排扣，有腰带，领子可开可关（国际上称这种领型为"拿破仑领"），插肩袖、有肩襻袖襻，在胸上与背上有遮盖布以防雨水渗透，下摆大便于动作。这种防水大衣被称为"战壕服"，仅限于男子穿用，于1918年正式被英军采用。随着时代的变迁，当年军人穿用的"战壕服"已逐步演变成为生活服装并时装化，但"战壕服"的款式一直是设计现代风雨衣的基础。20世纪60年代初期，这种有防风

《秦皇岛日报》文章《春日风衣飘洒洒》

雨、抵御寒冷等特点的外衣，伴随着人们旅游活动的增加得到了很大的推广和发展，风雨衣也由单纯的男式发展为男女两种式样并存。图片上两款男风衣是法国1992年流行式样，从中我们仍然可以看到当年"战壕服"的影子。女风衣的出现突破了原来的式样，在门襟的设计上由过去单一的双排扣发展到单排扣、暗门襟、偏开襟等；衣领设计有驳开领、西装领、立领等；口袋有贴袋和暗插袋，衣身上也出现了各种分割线条；袖子有插肩袖、装袖、泡泡袖、衬衣袖及蝙蝠袖等。

　　近年来风雨衣已日趋时装化，各种款式综合起来有七种：军用式、斗篷式、运动式、衬衣式、浴袍式、闪光式、大外套式。

　　风雨衣的用料可分为两大类：一类是较厚的防雨TC府绸、TC卡、纯涤绸、塔夫绸等化纤混纺织物。这类面料做成风衣后具有防雨、防尘，穿着随便等优点；另一类是比较好的毛料、毛涤混纺等高档或较高档的材料为面料，具有外观造型美、挺括考究等优点。女装多以米色、银白、浅蓝、锈红、浅粉为流行色；男装多采用米色、浅驼、深蓝、中灰、绿色、黑色为主的流行色。

　　　　　　　　　　　　　　　　　　　　　　　　—1993年4月4日

　　　　　　　　　　　　　　　　　　　　（文章发表于《秦皇岛日报》）

○ 西装，男性服饰不变的主角

西装，泛指所有西方国家人所穿的服装。从狭义概念上讲，通常是指男西式套装。西装最早出现于欧洲，到清朝末年传入我国，现在西装流行全世界，深受世界各个国家、民族的欢迎，已成为男子必备的国际性服装。西装的特点在于它潇洒大方的造型及四季皆宜的个性。

西装有两件套（上下装）、三件套（上下装和背心）和单上装（上下装异料或异色）等多种组合；又有单排扣与双排扣，平驳头与戗驳头等不同式样。西装的种类可按穿着的场合分为正式、半正式和非正式。正式场合指宴会、招待会、酒会、正式会见、婚丧活动或礼节性的拜访，特指晚间的社交活动。这种场合应穿晨礼服和燕尾服。晨礼服的造型有宁静、庄重之感，所以这种极为高贵的礼服，一般只在盛大节日、迎接贵宾或婚丧大事中穿用。半正式场合指上班、午宴、一般性会见访问和白天举行的较隆重的活动。这种西装一般就是我们目前穿着最普遍的西服套装。半正式场合穿的西装要求上下衣配套一致，衬衣一般以白色为主，也可用不太明显的格条衣料，但要避免花俏。西装面料颜色以中间色、浅色或较明亮的深色为主。非正式场合如去商店购物、外出游览参观等以穿西便装为佳。这类西装以正统西装造型为基础，将现代设计风格与工艺巧妙地加以点缀，构成了稳重潇洒、轻松舒适的西便装风格。另外，西便装也可在上班时穿用。近年来，西便装以其穿着轻松、大方、时代感强，可以随意搭配等特点，正受到越来越多的人的青睐。

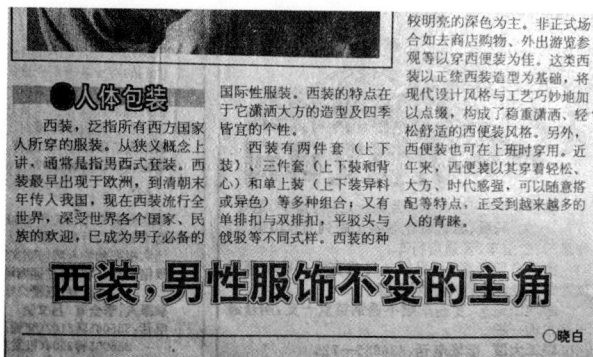

《秦皇岛日报》文章《西装，男性服饰不变的主角》

—1993年4月11日

（文章发表于《秦皇岛日报》）

○ 穿什么，什么就是你

"我穿什么样的衣服好看""这样的款式适合我穿吗"，作为一名服装设计师，在日常生活中常有人这样问我。每当此时，我总是想指点"江山"，却又怕误人"钱"途。

生活中的你、我、他，对服装的审美眼光各不相同，但对穿着打扮都有自己的看法。服装审美是很主观的事情，本无放之四海而皆准的标准，美丑关系也是相对的。你、我、他，日复一日地揽镜试衣，细细端详，对自己的容貌体型以及适宜于如何着装，自然会有比设计师或服饰专家更深刻的了解，盲目地仿效别人只会"东施效颦"。

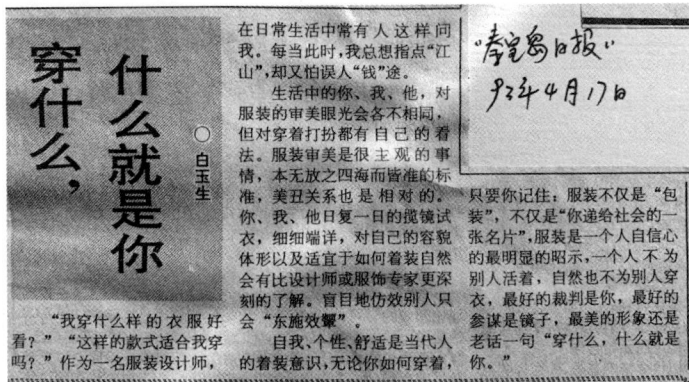

《秦皇岛日报》文章《穿什么，什么就是你》

　　自我、个性、舒适是当代人的着装意识，无论你如何穿着，只要你记住：服装不仅是"包装"，不仅是"你递给社会的一张名片"，服装也是一个人自信心最明显的昭示。一个人不为别人活着，自然也不为别人穿衣，最好的裁判是你，最好的参谋是镜子，最美的形象还是老话一句"穿什么，什么就是你"。

—1993年4月17日

（文章发表于《秦皇岛日报》）

○ 侯宝林，催人上进的长者

荧屏上，侯老的笑容依然，我不相信他会这样快离开我们（今年元旦时，听"圈里人"讲侯老的病好多了）。

那是1991年春节前夕，河北省电视台录制春节晚会，我作为这场晚会的服装设计师，应邀来到了电视台。当时我正坐在候播室里欣赏着各路大明星们的化妆技巧，突然门口热闹起来，我连忙站起身来向门口看去，原来是侯宝林、郭全宝二位老先生走了进来。侯老先生满面红光，脸上带着那让人难以忘怀的微笑，身穿中式大褂，手里拿着一把扇子，一边往里走，一边双手抱拳向大家问好。我看侯老朝我这边走来，急忙把身边的椅子拉出来请侯老坐下，侯老笑着说："谢座。"此时，我却不知如何开口，两眼直盯着侯老。"你也坐下吧。"侯老招呼我坐下，随手从衣兜里掏出一副扑克牌，"来，我们玩牌"。一时我发现侯老是那样的平易近人，刚才还有些紧张的心情一下松弛下来。

我同侯老一边打着牌，一边自我介绍，当侯老知道我是一名服装设计师时，高兴地对我说："你这个工作不错，服装设计也是一门艺术，你应该多设计一些中老年时装。"我随口问道："您今天演出为何不穿西装呢？"侯老想了想说道："相声是我国古老的曲艺文化，演传统节目当然要穿民族服装。"我深深地佩服侯老对服饰文化的理解。"说话不耽误工作，该你出牌了。"侯老指着我催促道。我脑子里还想着刚才侯老的话，便随手打出一张牌，"小伙子，你是不是还想着昨晚的恋人，打错牌啦。"周围人都笑了，我连忙重新打出一张牌。侯老打牌的兴致很高，不时催促左右，言谈中我领略了侯老的语言艺术。

离上场还有几分钟的时间，我请侯老题字，他答应道："来，笔墨伺候。"此时找不到笔砚纸，我急忙掏出自己的名片请侯老题在背面，侯老咂咂嘴说道："露不了风采啦。"周围人被他的幽默逗笑了，"写什么呢？"我连忙答道："您老对我有什么寄语就写什么。"侯老拿着笔想了想："就希望你在艺术的海洋里不停地搏击追求吧。"说完挥笔写下了"艺海无涯"四个字。转眼间两年过去了，我一直珍藏着它，侯老的题词成了我铭记在心的座右铭。

《秦皇岛日报》文章《侯宝林：催人上进的长者》

——1993年2月28日

（文章发表于《秦皇岛日报》）

后 记
POSTSCRIPT

有一天，出版社编辑给我打电话，让我写一篇后记，突然之间内心有了一种如释重负的感觉，尽管我并不感到它的圆满，但我却享受这份喜悦之情。

在整理近几年写过的文章时，一向自命不凡的我，曾一度处于完全不自信或紧张惶恐的状态之中，总感到自己认知的粗陋与肤浅，感到思维的不甚严密和语言的贫乏无力，那段时间深刻体会了"书到用时方恨少"这句名言警句。衷心感谢我的恩师——刘元风老师，在极度繁忙的工作中挤出时间，为本书做"推荐序"。他的指引与鼓励，使我找到了清晰的写作方向，得以在整本书的写作过程中找回了自信。

8月底在杭州，我拜访了东华大学闻力生教授，我们之间有过一次长谈。一位86岁的行业长者，向我讲述了他为服装行业工作的60年，讲述了中国服装科技进步的40年，我为之触动、感动，进而钦佩之意油然而生。交谈中，闻老问我："你今年多大了？"我回答："60。"闻老一句："你还可以再干26年。"让我一下子感觉自己年轻许多，突然觉得服装业还有很多事情需要我去做，值得我去做。感谢闻老为本书作序，更感谢闻老在我面前树立起一个需要仰望和努力的标杆。

写作的经历，亦是重新审视自己的过程。从学服装算起至今41年，其中的酸甜苦辣，百味人生只有自己知晓。幸运的是，因为自己的愚笨，我没有半途而废，在服装这个行业一直"执着"地尝试各种岗位，贪婪地享受着这个行业各个环节带来的资讯和成就感；尝试着各种可能，在这个行业里不断寻找着塑造自己的路。

41年很长，占尽了人生最辉煌的时光，我从一个18岁少年，陪伴中国男装走过了41年；41年很短，只是中国服装产业发展的一个初级阶段，我愿以此书作为回顾这一历程的篇章。

本书的顺利完成，离不开各位老师和朋友的关心帮助。在此感谢刁梅老师、刘磊老师。他们严谨的专业作风、不染俗流的学者风骨、诲人不倦的师长风范，令我受益匪浅。

走过43年的高速发展之路，中国服装产业从来没有像今天这样渴望科技的加持，飞速发展及高度渗透的互联网，让传统的服装企业开始思考，数字革命带来全流程的改变及商业模式的重构。企业对人才的要求，不再是单一的专业水平标准，而是多维度的能力诉求。驱动要素的转化，使得诸多企业开始思考和探索数字经济下自身发展的路径……

我愿以此为新的起点，与诸位服装人再学习，为中国服装产业实现质的飞跃，再努力26年！

2022年9月9日